日本散歩日記

うつろう時代と私の旅路

〈目次〉

第1部　ロマンチック街道

「ロマンチック街道」と言うと「そんな洒落た街道筋がどこにあるんだい」と、オウム返しをされるが、実は世界に二本だけロマンチック街道がある。

一つはドイツの古都・ヴュルツブルクからオーストリアに近いフュッセンまでの三六二キロメートルに及ぶもので、ドイツを代表する街道筋だと聞いた。二〇年以上前にヨーロッパを旅行したことがあるが、特に自然の美しさと落ち着いた高貴な雰囲気が漂うドイツの思い出が深く残っている。

ミラノからギリシャを経てドイツへ列車で移動した時、車窓に広がって尽きることのなかった見渡す限りの麦畑、遥か彼方に見えた鬱蒼とした森に囲まれて聳え立つ古城は、歴史の重みと詩情の豊かさを物語っていて実にすばらしいものだった。今でも瞼に鮮明な風景が写し出される。

ナイアガラの滝で有名なトロントから、トランスカナダ高速道を大西洋岸へ向かって走り、カナダ大陸を横断してセントローレンス川沿いにあるケベックまでのすばらしい街道がある。これはロマンチック街道とは言わずに「メープル街道」と呼ばれ、ロマンチック街道に引けを取らない街道だ。両国はロマンチック街道協会と友好協定を締結しており、説明は省略しておく。

では、もうひとつのロマンチック街道はどこにあるのか？　ご存知の方も多いと思いうが、実は私たちの身近にある。上越高原国定公園と日光国定公園を結ぶ街道筋がドイツのロマンチック街道に匹敵するすばらしいものだと評価され、信州・上田市から上州を経て、下野の宇都宮にまたがって設定されているのが日本ロマンチック街道なのだ。

浅間や白根、日光などの火山が作り出した山並み、高原や滝、湖沼や湿地帯などの造形美に満ちており、大小様々な温泉郷、ひなびた民家や旅籠が点在しているので、日本で最もロマンに溢れた街道として知られている。この街道筋は三五〇キロに及ぶもので、ドイツのロマンチック街道協会と姉妹街道として契約をしている。

上田城に真田一族のロマンを思う

信州はとても広い県である。上田市はその東部に位置しており、豊かな自然と歴史が息づいている。

上田駅から駅前通りの商店街を抜けて国道一八号線を左折して間もなく、別所方面への街道筋と交差するところに上田城がある。上田城は一五八三（天正一一）に造られている。

城門をはいると、奥の方にある小舎に六文銭を染め抜いた真田の旗が立てられており、傍

そびえ立つ、上田城櫓

らに六角形をした石造りの古井戸がある。この井戸は太郎山の隠し砦へ通じる抜け遺があるのだと伝えられている。

　上田城は徳川の大軍が猛攻撃を繰り返しても落城しなかったと伝えられる名城として、戦国武将・真田の名とともに天下に知られている。その名のとおり、不落城らしい要塞の名残が感じられ、ひと回りすると往時の武士たちの雄叫びが聞こえてくるような気がする。

　城跡から武家屋敷の方へ歩いて行くと、城下町として栄えた街並は城下町としての名残りをとどめており、古い造りの酒屋や武家が軒を連ねていている。タイムスリップしたような雰囲気に浸れる路地裏は、長時間散策をしていても飽きない。

上田市の近くには信州最古の温泉と言われる別所温泉がある。この温泉は貴族の別荘があったところから、別所と名づけられたと聞いた。せっかくの旅なので、立ち寄って共同風呂にはいっていくことにした。

別所温泉は夫神岳《おかみだけ》の麓《ふもと》に広がっていて、北向観音、安楽寺、常楽寺が温泉郷を守るように建てられている。この地方を知る上で貴重な伝説を絵解きした伽藍《がらん》（寺院の建物の総称）は、機会があればもう一度詣でたい。

この町にはいたるところに無料駐車場があるので車で行くのもよい。参拝を終えたら、三〇〇円で入浴できる共同浴場が三軒もある。ここのお湯は透明で肌がツルツルするため〝美人の湯〟としても女性に人気がある。

小諸なる古城のほとり、千曲川

上田市と近い小諸市へは、ＪＲで約二〇分で行ける。小諸の街は歴史的にもかなり古く、戦国時代の初期、つまり鎌倉時代に小室の地に小諸城を築いたのがはじまりだ。軽井沢から関東平野にいたる交通の要衝であったところから問屋街として栄え、養蚕、絹の生産地としても全国に名を馳せた。

市内各地に数多くの史跡があり、大勢の商人や文人が足跡を残しているので『千曲川旅情の詩』の歌でも口ずさみながら歴史ロマンに浸り、詩人になってみるのも優雅である。

また、小諸温泉や中棚温泉があり、その温泉のあいだに小諸城の跡で懐古園と呼ばれる公園がある。

入口にある大手門の脇にはロマンチック街道を記念してクラシカル浪漫館が建てられた。中には日光の東照宮を模倣して造ったという数十点が展示されており、照明に生えて鮮やかである。また、養蚕や紬などに使われた道具が展示されているので一見の価値がある。公園の中には島崎藤村の記念館も建てられていた。藤村は詩人としても小説家としても著名だが、小諸市へ移りすんでから小説を書きはじめ『破戒』を世に送ったことでも知られている。

軽井沢は近代化された別荘地

軽井沢は英国人宣教師のショー氏が明治時代の中頃に立ち寄り、故国のスコットランドにそっくりだと感動したところである。大塚山に山荘を造って多くの著名人に紹介したのがは

日本の代表的な避暑地、軽井沢。異国の雰囲気も醸し出す

じまりだと伝えられ、今や年間八〇〇万人もが訪れる国際的な避暑地になっている。

軽井沢と言えば「別荘地だ」と誰もが知っており、多くの作家や詩人が別荘にたてこもり、創作活動をしていたため、作家や文人たちの作品を記したいくつもの文学碑が建てられていることが特徴である。

ショー記念碑や白糸の滝、旧笠ホテルなどを一巡してから、有名人の別荘を見て歩いたりして、自分が作家になった気分になるのもよい。軽井沢の街並みは特に夏場になると、国際色豊かなリゾート地となって大変賑わい、洒落たお店、高尚な店も結構並んでいるので、ちょっと胸を反らして悠然と店にはいってみようではないか。そして外国人に混じって隣に席を取り、コーヒーを啜っていると、外国へ旅しているような気分になれるすてきな街である。

三大奇観・鬼押し出しと白根山の温泉郷

ロマンチック街道には大小様々な温泉郷がある。軽井沢から群馬県にはいって嬬恋村を経て長野原を通り、奥利根へかけての街道筋には名だたる温泉場が点在している。

ロマンチック街道は、一八号線を中軽井沢から鬼押しハイウェイを利用することにした。浅間山を仰ぎながら白根山系との狭間へ下る裾野に鬼押出し園がある。

鬼押出しは一七八三年に浅間山が大噴火した時にできたもので、流れ出した溶岩がそのまま凝固したものだ。黒い溶岩の固まりとなっている光景は、世界三大奇観の一つに数えられている。

山を下ると高原キャベツでも有名な嬬恋村にはいる。嬬恋村というのは日本武尊が東征の折り、当地の鳥居峠を越えた時に亡くした弟橘姫《おとたちばなひめ》を慕って「あぁ、吾嬬（妻）ょ」と、嘆いたという伝説から名づけられたものである。嬬恋温泉の町を通り抜けて浅間・白根火山ルートの万座ハイウェイで白根山を登ると、雪山讃歌の発祥で知られた鹿沢温泉などいくつかの

世界三大奇観の一つにあげられる鬼押し出し。とにかく岩がごろごろ

温泉がある。

　この山道は万座への期待があるからか、何ともすばらしいの一語につきる。中腹まで登ると高原になるが、東急ホテルと東急ゴルフ場があるので、立ち寄ってひと休みを勧める。ホテルでコーヒーでも飲みながら周囲を見渡してほしいと思う。思わず息もつまるような美しさ、絶景に目を見張り、感動で胸が高鳴りる。まさにロマンチック街道筋と言え、夢気分を満喫できることまちがいないのである。

　再び走り出してから間もなく、万座温泉の看板が出迎えてくれる。右手正面には崖崩れでもしたように樹木がはぎとられ、赤茶けた山肌にシューーッと音を響かせて噴煙を立ち昇らせながら、硫黄の匂いを漂わせている。

万座温泉には山間の斜面にいくつかのホテルがあり、囲いがない露天風呂がある。露天風呂からは雄大な山並みの広がりが望め、谷間の方が靄に覆われると雲の上での入浴を思わせてくれる。冬には白銀を滑るスキーヤー、夏場には緑濃い森林に囲まれた赤いコートで、テニスに興じている人たちが豆粒を転がしているように見える。

草津温泉は天下の名湯

草津温泉は、白根山系に点在する温泉場の要ともいえるところだが、古くから温泉の効能については天下に知れ渡っている。徳川吉宗は江戸城までこの温泉を運ばせたと伝えられており、全国屈指の知名度をもった温泉だ。湯量も日本一を誇っている。明治時代になってドイツの医者だったベルツ博士が「豊富な湯量と薬効に驚嘆した」と言われている。ベルツ博士が日本には草津温泉ありと世界に紹介したことから、今では全国的に知られるようになった。〝お医者さまでも　草津の湯でも　恋の病はァコリャ！　治りゃせぬょ〟と歌われているように、万病に効く温泉だが、恋患いはだけは治せないという文句は昔からあまりにも有名である。

意外に難しい湯もみ

草津の中央広場には温泉が流れているお堀りがある。このお堀は底に湯の花（温泉の不溶性成分が析出・沈殿したもの）を溜めている温泉畑である。その脇で女性たちが湯もみ歌を歌いながら、板で湯をかき混ぜているショーを見学できる小舎がある。仲間にいれてもらったのだが、意外に難しいものだった。

草津温泉はいくつかの旅館の温泉が無料なので、ハシゴを楽しむのもよい。街の奥へ行くと河原のようなところに出る、方々にブクブクと地熱が吹き出していて興味をそそられるし、いくつか野天の湯溜まりがある。しかし、四回も訪れたのに人目を気にしてか、入浴を楽しむほど勇気ある人は見当たらなかった。

草津温泉の先には四万《しま》温泉がある。この辺

りの温泉はいずれも赤く濁っており、薬効あらたかな湯治場として知られている。

隣の六号村にある尻焼温泉は、河原から温泉がコンコンと湧き出ているので、独特の風情がある。立ち寄る時間がないので、一四五号線を中之条方面に向かって走ることにした。

伊香保温泉と榛名《はるな》を踏破

伊香保温泉は約二千年の歴史を持っている。榛名山の中腹にできた温泉場であり、階段の両脇に店や旅館がひしめくように建っている。

最近になって「イカホ」という地名はアイヌ語で〝温かい湯〟〝湯の川〟という意味だと知った。四国の〝コンピラ〟さんも元々はアイヌ語だったのを〝金比羅〟や〝琴平〟などの当て字が使われている。

日本の土着だったアイヌには言葉があったが文字がなかったので、古代の文献がないのだと聞いたことがある。北海道の地名などはローマ字でも標示されてないと読めない漢字が多くあるが、このように日本全国の至るところに逆音訳の地名があるのだ。

また観光客が増え、大きなホテルが林立するようになったために、源泉の枯渇を恐れ、競合を恐れた元来の旅館組合が新規加入のホテルに給湯をしないことにしたということを聞いた。透明な湯は水を沸かした普通の風呂だということだ。

さて、伊香保から榛名湖へ抜ける山道は時間があれば自動車でなく、歩いて行きたいものである。私たちの中学生時代には砂利道を歩いて登った。頂上には富士山そっくりの榛名富士があって、その麓に広がる榛名湖は絶景だ。

若いカップルを引き寄せずにはおかない、湖畔の雰囲気がとてもロマンチックである。榛名湖畔から高崎市へ抜ける道路もあるが、ロマンチック街道から外れるので、伊香保温泉経由できた道を戻ることにした。吾妻川を渡った丁字路を左折して中之条まで戻り、一四五号線との分岐点を右折して月夜野方面に向かうコースを走る。

月夜野のロマンと法師温泉

中之条からは高山村の蒟蒻畑や桃・栗などの畑を眺めながら、月夜野まで走り抜ける方がよい。大峰山と三峰山の間を流れる利根川に沿って開けた月夜野の町は、越後湯沢へ抜ける重要な宿場として栄えた場所である。

平安時代のことだが、源順《みなもとのしたごう》という歌人が東国巡行でこの地を通った時に、三峰山から昇りつつあった冴えざえとした月を眺めて「おお、よき月よのかな」と、感銘を受けて歌を詠んだと言われ、月夜野となったのだそうだ。

月夜野にも温泉郷があるが、奥利根の水上や谷川岳、湯沢などへ直行してしまうので、意外に素通りしてしまう観光客が多い。しかし、月夜野温泉郷、ガラス工芸の里、陶芸の月夜野焼は有名だし、手打ちそばはぜひとも賞味したい絶品である。ひと休みしてから三国峠の方へ行ってみることにした。


月夜野から一七号線を下って行くと新治村《にいはるむら》になる。民家が絶えて段々と山深くへ進んでいく感じが強まった頃に、赤谷湖が小波をキラキラと輝かせている。湖畔の桜並木に沿った道路を奥の方に向かって走ると、猿ケ京温泉になる。

道路が次第に登り坂になり、湖面との落差が大きくなった山裾には何軒かの旅館とホテルがある。猿ケ京という変わった地名だが、その由来は知らない。

崖淵に建っているホテルの温泉は無色透明の温泉である。沸かし湯かと思えるほどのさっぱりとした泉質だ。露天風呂では湖で釣りをしている小舟などを覗いたり、遙かに広がっている湖を見下ろしながらの入浴で鋭気を養うのに最適だ。

新潟へ抜ける三国街道は、佐渡金山から江戸へ金塊を輸送するのに最も近い往還だったので、猿ケ京に関所が置かれ、通行人を厳しく詮議《せんぎ》したことは有名である。

猿ケ京を過ぎると、間もなく西川渓谷に下りていく小道がある。法師温泉と書かれた古ぼけた看板が道方に立てられているが、うっかりすると見過ごしてしまう。さらに下りていくと、渓谷沿いの細道になり、間もなく一軒家の玄関先に誘い込れる。何年くらい前の建物だろうか、玄関前の大きな椎の木に覆われた茅葺き屋根が、深く静かな渓谷の狭間にひっそりと建っている様は、画板に向かいたくなるような雰囲気である。

玄関をはいった左手に大きな囲炉裏があり、丸太が二、三本くすぶっているのがいかにも古めかしい装いだ。周りには熊の毛皮が敷いてあり、鉄瓶から湯を酌んでお茶を入れるなどして落ち着くのも旅の醍醐味と言うものだろう。

春先には靄《もや》が立ちのぼり、秋口からは囲炉裏の煙がただよう牧歌的な風景がすばらしいので何回行っても感動する。この先の渓谷沿いの道は、人ひとりがやっと通れるくらいで、二時間も歩けば三国峠のトンネル近くへ出る。

法師温泉は弘法大師が発見したと伝えられているので歴史は古い。ここは渓谷の川底から湧き出している温泉を囲って溜めたもので、底に小砂利を敷きつめた浴槽にしてある。その上に家を建てたという変わった造りである。建てた年代が明治時代ということもあって、ヨーロッパ風の窓が奇妙にマッチしている。

法師温泉は、漆黒の夜空に散らばった宝石のような星の輝きを、湯船の丸太に頭を乗せて窓越しに眺められる。チカチカと輝く星が、ロマンチックな思いを駆り立ててくれる。法師温泉はＪＲがフルムーンの宣伝で上原謙と高峰三枝子を撮ったところだ。そして混浴なのだが、覗き見するような不躾な視線での入浴にはそぐわない。

水上温泉は谷川岳の登山基地

草津や伊香保と同じように、水上温泉を知らない日本人はいないと言っても過言ではない。利根川沿いにある温泉の中では町の規模が最も大きなところだ。鬼怒川と同じように鉄道の駅があるのも、発展におおいに寄与しているのではないだろうか。

言うまでもなく、春先の目にしみるような青葉若葉、真夏の深く濃密な緑、秋の真っ赤な紅葉、冬の雪景色、奥利根は何とも言えない桃源郷とも言えるところだ。

水上を後にして月夜野を過ぎると一七号線になり、しばらくすると沼田市にはいる。沼田駅を過ぎて清水町から金精峠へと向かうのが正しいコースだが、今日は月夜野ＩＣから関越自動車道を上って、沼田ＩＣを出るコースをとり時間短縮をはかる。

ＩＣを出た辺りは「小原庄助さん、なんで身上潰した、朝寝・朝酒・朝湯が大好きで、それで身上つぶした」の唄があるので、興味のある方は資料を漁ってみるのもおもしろい。川場村の方は街道筋に川湯温泉・武尊温泉・花咲温泉などが点在している。それぞれに異なった風景が楽しめる街道で、私たちは老神《おいがみ》温泉でひと休みしたいので直進することにした。夏休みの頃、白沢村から老神温泉への長い坂道を下って行くことは、蝉時雨の中を走ることになる。二、三日は耳底から蝉時雨を拭い去ることができないほどだ。

昔は谷川に沿って水面近くに旅館が建っていたが、日本各地に大水害を起こした台風で流されてしまったので、一段と高いところに再建された。今でも流された旅館の基礎が苔に覆われて残っている。

老神温泉には一二か所の趣を変えた露天風呂がある。一二か所もあるので、干支に因んで〝干支湯めぐり〟が売りである。すべて巡ってスタンプを集めると記念品がもらえるのがマニア心をくすぐる。

湯浴みしたら奥日光へ向かっての出発である。走りはじめてから五分もすると、国指定の天然記念物である吹割の滝が登場する。東洋のナイアガラと地元が宣伝しており、川底の岩盤が浸食されてできたという割れ目が、高さ七メートルもの落差がある滝になっている。普段は川原を歩きながら変わった小石を探すのも楽しいが、増水した時には幅三〇メートル余の豪快な滝になるのをため息交じりに眺めるのもよい。

金精峠《こんせいとうげ》から奥日光へ

片品村から金精峠への道筋には、至るところにトウモロコシなどの農産物を売る小舎が建っている。この地方の農産物は無農薬野菜なので、品川や多摩ナンバーの車が野菜を買い込んでいるのに出会う。

野菜畑だけでなくリンゴ園も多くあるので、実りの秋口にドライブしながら農家のおばさんと「まけなってばぁ」「ようし、丁度にしよう」などと訛りを真似て値引きの交渉をすることがおもしろいし、楽しみとなる。旅の醍醐味である。

金精峠トンネルを抜けると、奥日光の温泉郷になる。奥日光の湯元温泉は、山合い深くの温泉場というよりも静かな山荘地帯という感じだ。ゆったりと漂う湯煙りがのどかで、一種の安らぎを覚えさせる。

古ぼけた板張りの屋根裏から、湯煙りを昇らせている小屋が建っていた。共同浴場なのだが、いつでも気楽にはいれるようになっている。そっと扉を開けて覗いてみると、先客がいっせいに仰ぎ見るように顔を向けるので戸惑ってしまう。温泉は土色をしていて、いかにも効能がありそうだ。ハイカーたちが家族連れに混じって汗を流していた。

街道から外れて右手へはいっていくと、湯の湖の湖畔に出る。自然のままの小公園といった感じで、ベンチに座って夕暮れ時を待つ。静かな湖の両側を鬱蒼とした森林が覆い、濃い緑が徐々に黒ずんでくると、湖の小波を煌かせながら夕日が沈んでいく。美しい景色のうつろいに酔い、夕暮れの静寂に身心を委ねて、時の経つのを忘れさせてくれるひと時である。

戦場ヶ原と華厳《けごん》の滝

まだ若かった頃には、東照宮からいろは坂にかかる日光山の麓周辺の清滝まで歩いたものである。ケーブルカーで華厳の滝近くまで登り、中禅寺湖の湖畔に沿って並ぶ旅館や土産もの店をまわり、湯元までは砂利道や湖畔に作られた板の遊歩道を歩く。

途中の戦場ヶ原は広大な湿原地帯であり、彩りも鮮やかな花畑のようだった。今では道路も舗装され、自動車で難なく走ってしまうので、周囲のすばらしい風景も走馬灯のように視界から遠ざかってしまう。旅をする時には、これはと思う場所へきたら、やはり歩くことをお勧めする。その方が思い出を綴るうえでよいのではないだろうか。

湿地帯が広がる戦場ヶ原。ぜひ、歩いてほしい景色

戦場ヶ原の自然のすばらしさは人々を魅了してやまず、素通りは無粋である。

中学生だった頃、友人たちと戦国時代のことをあれやこれやと話し合ったことを思い出した。

平家の落武者が遥々と湯西川や塩原の山奥まで逃げのびてきて谷間に潜み、追手に捕まらないように鶏は飼わないことや、焚き火は夜間にしたのだとか、米の磨ぎ水が川に流れて囚われた武将のことなどを話し合った。そして、幕末の官軍による掃討戦が全国津々浦々まで行なわれたことなど、その行動力の凄まじさに感心させられたのだっだ。だから戦場ヶ原を歩いた時には「こんな山の上で、どことどこの侍たちが戦をしたのだろうか？」と、疑問に思っていた。

その後、戦場ヶ原の言われを知って認識を新たにしたものである。

日光は男体山《なんたいさん》を頂点とした山岳信仰の霊場として、一二〇〇年余に及ぶ長い歴史と文化に彩られた地域である。戦場ヶ原は神代の時代に起こった男体山と赤城山の神様同士の闘いがあったところだった。

戦場ヶ原を越えると光徳牧場があり、最近ではリゾート地として観光施設が充実したこと、環境整備が進んだからだろうか、観光客が押し寄せて牧場というイメージとはちがう雰囲気が楽しめる。

この道を走って山越えすると川俣村にはいる。川俣村は奥鬼怒温泉郷で知られたところで、川俣温泉の終点が女夫淵《めおとぶち》温泉だ。ここから一般車がはいれないので旅館の車で進むのだが、加仁湯・八丁の湯という秘湯中の秘湯がある。

女夫淵温泉へ行くまでの川俣村の渓谷沿いには無数の露天風呂があり、混浴や貸切りの風呂につかりながら、目の前の屏風岩やそそり立つ樹木を見上げて、昼には紺碧の空、夜には手が届きそうに散らばった星を瞼に収めることが大変貴重な土産となる。

戦場ヶ原を過ぎると木々の間から中禅寺湖が望める。湖畔の遊歩道をのんびりと散歩している人たちが、優雅さに包まれて見えるので不思議である。男体山の麓に中禅寺湖に向かって祀ってある二荒山神社という由緒ある神社がある。そこを通り過ぎるとホテル街になる。中禅寺温泉は温泉が出ないので、奥日光から一二キロに及ぶパイプラインが引かれている温泉場だ。

渡辺淳一氏の小説『失楽園』の舞台となった旅館は、昔のままの佇まいであるのに、改めて登場したかのような艶めかしい錯覚を覚える。

日光は霊山

二荒山神社を持つ日光は霊山とも言われる聖域である。最初に輪王寺を詣でながら宝物殿を見学する。

輪王寺は天台宗三大本山の一つで、多くの宝物類が展示してある。三仏堂に祀られている千手観音や阿弥陀如来、馬頭観音像には金箔が押されていて豪華さに目を見張る。宝物殿を出ると、向かいにある伽藍《がらん》にはいってお参りする。お堂に上がって祭壇の裏側へまわると、長野の善光寺地下室のような案配である。出口で霊験あらたかなお札などを売っているが、叩き売りのような売り子の口上を聞いているうちに買う気が失せてしまった。

陽明門と東照宮は、三六〇年以上も前に死んだ徳川家康公の遺言の通りに、第三代将軍・

家光が莫大な資金を投じて徳川家康の廟として建設したものだ。当時の有名な一流の建築家や工芸家が全国から集められて技術の粋を尽くして完成させた。世界でも珍しい、豪華で精巧な木造建築物であり、外国人の観光客が絶えない。

特に陽明門は東照宮を代表する建物であり、みざる・きかざる・いわざるの三猿、左甚五郎が掘ったというねむり猫と鳴き龍は有名だが、当時の日本には存在しなかった想像上の動物である唐獅子・龍・鳳凰・キリンなどの彫像が数百体もあり、人物や菊の花、牡丹などが数え切れないほど彫られていて世界最大、最高の材木建築の粋、美麗さを誇っている。

今市市（現・日光市）の杉並木

ロマンチック街道の終着点である宇都宮市へは、日光市内を通過してJR日光駅、東武線の日光駅前からはじまる杉並木を通るのことをお勧めしたい。今市市を通って鹿沼市から宇都宮市へ行くコースである。

日光杉並木は実に三七キロも続いているので、ギネスブックにも載った世界一の並木道である。並木になっている杉の木は江戸時代に植えたものなので、樹齢は約三七〇年余になる。高さも三〇メートルはゆうにあり〝見上げれば天を突くような〟と言った景観だ。

歴史を感じる、杉並木

何回か並木道を走ったことがあるが、いつも街道沿いに目を凝らすと、大名行列がやってきた道なんだと往時を想像する。忍びが大木に隠れていて警護の役割りをしたのだろうか、あるいは刺客となったのだろうか。行列が過ぎるまで土下座している人々のざわめきが聞こえるような気分で今市市へ向かって走る。

東照宮が祀られると日光街道、例幣使《れいへいし》街道、会津西街道などが東照宮の社参りのために整備され、日光への入口にあたる今市市は宿場町として栄えた。

一〇分も走ったところに報徳庵という手打ちそばの名店がある。屑屋根の母屋は一三〇年前に二宮尊徳が建築した農家を移築したものだ。母屋の屋敷入口に小川が流れており、橋を渡る手前には長屋が建っていて、地元で採れた新鮮な野菜や民芸品を売っている。中には昔の器具類があり、楽しい買物もできるようになっている。

今市市内へはいると、鬼怒川沿いに古いお寺と墓地がある。その片隅にひと際大きい石塔が立っている。二宮金次郎（二宮尊徳）の墓である。

二宮金次郎と言っても若い人たちは知らないかもしれない。日本が敗戦になるまでは、どこの小学校の校庭にも二宮金次郎の銅像が建てられていた。徳育教育のシンボルだったのだ。金次郎は江戸時代末期に報徳思想を唱え、今市市を中心とした日光神領で荒廃した農村の復興に尽力した勤勉家だと教えられた。今市市には二宮尊徳を祀った報徳二宮神社がある。

鹿沼市は鹿沼土で知られた土壌で、つつじ、さつきなど植木屋さんが多い地域である。市内にはいってから氏家（現・さくら市）方面に車を走らせると、右手にロマンチック村がある。最近では温泉を掘りあてたので一大レジャーセンターとして開発され、近隣の市町村や千葉、茨城方面からの客がたくさんつめかけている。土の温もりに触れ、花畑を散策したり、大浴場でリフレッシュしてから地ビールに舌鼓をうつのがすてきである。地ビールは地元で採れるあまぎ二条という品種の大麦を原料にして、チェコからザーツホップを取り寄せて醸造しているのだと店長が自慢していた。

　この近くには大谷石で有名な大谷町がある。大谷石は江戸時代の中頃から掘られており、今なお掘り続けられている。昔はツルハシで掘っていたのだが、昭和三〇年頃から機械で掘るように変わった。地下の採掘場は深さが六〇メートルにも達し、広さも二万平方メートルにもなる。地下には大空間ができているので、コンサートなどを催す殿堂にもなっている。

　大谷石は大正時代に建てた帝国ホテルの建築資材として使われてから需要が増大したようだが、柔らかいので加工しやすく、それでいて耐火性に富み、耐久性にも優れているので、門柱、蔵などの建物や石細工の材料として使われている。公園になっている広場へはいって振り向くと大谷石でできた巨大な観音像が見下ろしている。

終点・宇都宮市

宇都宮市は、江戸時代に東照宮参拝のために立ち寄った将軍を暗殺する企みがあり、吊り天井を仕掛けたと言われる宇都宮城址がある。

　また、昔も今も東北地方の重要な拠点としての役割を担っている地域である。

　一方、宇都宮市は日本でも有数のハイテク都市として知られ、行政も先進的な役割を担うべく大変な力を入れている。

　近頃では宇都宮と言えば餃子、餃子と言えば宇都宮としても有名だ。駅前の広場には珍しい餃子の銅像がある。餃子の町として発展したいきさつを辿ってみると、中国から持ち帰った餃子が宇都宮の風土にマッチしたことに加えて、香港へのグルメツアーや宇都宮市の餃子キャンペーンなどが効を奏したものだと聞いた。

　餃子館西店・東店は代表的だが、上野百貨店の本社前にも餃子屋があって繁盛している。餃子と言えども、色々な具を使って作るので一七種類ぐら

まさか餃子像を作ってしまうとは……

いはある。栃木県内で作っているニラがたっぷりはいっている宇都宮の餃子は、住民の協力もあり、一家族が一年間に消費する金額がとても高い。

第2部

ぐるり、北海道

北海道三〇〇〇キロの旅

四五年ほど前、まだ子どもが小学生の時にライトバンの屋根にテントや野営用の道具、食材などを乗せて旅をしたことが最初だった。一八時に東京都・神田を出たのだが、まだ高速道路などはなかった時代だったので、四号線を夜を徹して走り続けた。

十和田湖の休屋に翌朝五時頃到着した。湖を囲むように造られた道路を走り、休屋の左手奥の辺りに行くと、十和田湖を眼下に眺められた。夜明け前の湖は紺碧と言うよりも、吸い込まれるような感じで神秘的な色合いだったことを思い出す。空は白んできたが周囲の森や樹々は、未だ深い眠りから覚めぬように墨色の衣を纏ったままである。

傍らの清水でラーメンを作って食べた時、子どもが「うまーいッ」と歓声を上げて喜んでくれたのが脳裏に焼きついている。

十和田から八甲田山を経て、青森市の浅虫温泉でひと休みしてからの市内見物は、次の機会に譲って先へ進もう。

むつ市を過ぎてからしばらくして太平洋岸に出た。海岸線の道路は行き交う車もなく、朽ち果てたような家屋や遠くにポツンと見える船が侘しさを感じさせる。本土の最北端になる大間崎の埠頭に着いたのは、お昼をかなり過ぎてからであった。青森からの渡航が多いのか

神秘的な雰囲気の十和田湖

もしれないが、大間岬の船着場は静まりかえっていた。幸いなことに一時間余り待たされただけで小型フェリーに乗ることができた。

舗装の剝げたような一般道を何時間も走り続けたためだろうか、北海道の土を踏んだ時〝上陸〟という表現が最も言い当てているように思えたものである。

函館の夜

函館港の旧桟橋付近には赤レンガの古い倉庫が並び、エキゾチックな風情をかもし出していた。今ではレンガ造りの倉庫をショッピング街やレストラン街に利用しているので観光名所となり、若者やフルムーンらしき年寄りの観光客が多い。

行くたびに観光客を迎えるために充実したゾーンに変わっていくのがわかる。倉庫に沿った岸壁に突き出た店で生ビールを注文した。いかソーメンやホッケの刺身を肴にして大ジョッキで飲むビールは、北海道を感じさせるので最高だ。足もとの岸壁に沿って白いボートが行き交い、その向こうには帆を揚げた船が悠揚と滑っている。

赤レンガの倉庫へはいると洒落たショッピング街になっていて、若い人たちが三々五々連れだって土産探しに騒がしい。そんな合間を縫うようにして鍔の広い帽子をかぶったお嬢さんが静かにうつろう。優雅でロマンチックである。

函館駅前から津軽海峡の海岸に沿って湯の川温泉へ出る。温泉街にはいってすぐに湯の川プリンスホテルがある。生協の物流研究会に出席するために行ったことがあるが、湯の川温泉に泊まるのは三度目になった。ここでも大方の旅館はホテルに変身していた。街は津軽海峡に面した渚にあるので、夜中まで暗い海の彼方を眺めていると、漁《いさ》り火がチカチカ瞬いているのが見えてロマンチックである。

かつての風景を思い出しながら散策してみると、横丁の奥まった辺りには小じんまりとした旅館がいくつかあった。表の喧騒を離れた静けさを漂わせた昔ながらの情緒を感じ、うれしくなった。そのままに残しておいて欲しいものである。

サービスを充実させている巨大なホテルは客を街に出さず、温泉場は早晩廃れていくものだ。熱海をはじめ、いくつもの温泉場が寂れてしまった。客を集めきれないで倒産していくホテルも多い。

湯の川プリンスホテルの室内は今様のものだから、ホテルの中にいると北海道にきているような気分がわいてこない。まるで都内のビルにいるようで残念に思えてくる。

宴会の時に地元の人たちが〝いか踊り〟を賑やかに踊ってくれた。私たちもほかの客に混じって舞台に引っ張り上げられて〝いか踊り〟を躍らされた。

お酒を飲んでいるし踊りも案外激しい動きなので、何回も繰り返し練習したため疲れてしまう。終わってから修了証書が授与されたので、いっぱしの芸人気取りになったものである。

宴会が終わってから函館山に登りたいと希望者が出たので案内役をかってでた。タクシーに分乗して行ったのだが、開発の進んだ広場と展望台から眺めた街の様子も一変していた。

はじめてきたのは四五年以上も前だったので、道路は狭くて砂利道だった。降りてくる車を予測して幅の広い場所で待機するなどして頂上へ登ったものである。車よりも歩行者が多かった時代であった。

頂上には人影がなかったのでテントを張って野宿をした。薄暮の空に星の光が見えはじめたので子どもたちは「星がひとつ、あっちにもふたつ見えたよ」と、大声をあげながら数えた。いつの間にか暗くなった空を仰ぎ見ると、すぐそこに降り注ぐように輝いた星が折り重なっていて手が届きそうだ。

星の群れの中から突然弧を描いて彼方へ落ちていく流れ星が美しい。子どもたちに「流れ星が消えない間に願いごとをすると叶えられる」と教えると、二人で競うようにいく筋もの流れ星に願いを託していた。

北海道の第一夜は函館山の頂上での野宿だったが、今ではとうていできない行為だし、個人的には記念すべき旅であり、思い出を作れたものだと感慨無量である。開発が進んだ昨今では、観光バスが何台も続いて登るようになっていた。おもしろくないものである。

翌日、五稜郭に行ってみた。五稜郭は幕末から明治へと大きく歴史が変わる時の最後の舞台になったところである。松や桜の巨木が多い星型をした洋式の築城としても知られた城址公園がある。昔の方が整備されていたように記憶していたし、何か強く訴えるものがあったように思える。五稜郭を一望できるタワーが建ち、周囲の駐車場が環境をないがしろにしていた。

幕末の激動期を果敢に生きた新撰組が会津藩士とともに最後の砦にしたことの歴史的評価は様々あろうが、近代史を走りぬけた土方歳三の名残りを肌身に感じる思いがした。


函館山を下るには登った道路を下りるのだが、タクシーか徒歩で行った場合にはロープウェイに乗ると、後の散策が楽になるので利用価値がある。山麓駅を出ると聖ヨハネ教会がある。函館の代表的な建物らしいが、ギリシャ正教なのでお茶の水の神田ニコライ堂と同じ宗派になる。この裾野の辺り一帯には瀟洒《しょうしゃ》な住宅が多く、私の大好きな風景である。

元町公園から函館の港が一望できる。すばらしいパノラマであり、時間の経つのを忘れてしまう。市内へ向って幅広い道路が緩やかな勾配で一直線に下り、両脇を桜の木々が飾っている。

Uターンして函館公園の方に足を運ぶと立待岬に近くなる。旅行客があまり足を伸ばさないところだったと思う。最近では観光地に仕立て上げようとしているのかもしれないが、広々とした舗装や真新しいトイレなどを備えた駐車場が整備されている。

この岬は函館山の裾野をまわった裏手になり、眺望豊かな辺りである。周囲を鉄柵で囲っ

函館山からは街並みがダイナミックに広がる

ており、絶壁から下をのぞくと打ち寄せる白波が砕け散っているのが見える。かなりの高さであり、高所恐怖症の私などは足が竦んでしまう。思わず手すりを握り締めてから後ずさりした。

落ち着いて遥かな水平線を望むと、青森の山並みが煙っている。左手には石川啄木が愛したという大森浜が見える。石川啄木の墓碑、親友だったという宮崎郁雨の歌碑や与謝野晶子の歌碑があったりして文学の宝庫でもあるのだ。

岬は昔の見晴台だったらしく、ここに立って内地からやってくる松前船などを見張っていたのかもしれない。昔日のロマンを運んでくるような潮風に頬をなぶられていると楽しい。

美を醸し出す大沼公園

さて、いよいよ北海道の奥地探訪の旅をはじめよう。

札幌への道のりは、JR函館本線に沿って造られた五号線を北上することになる。およそ三〇キロほどなので一時間弱で行ける。車で行った時には海からの風が頬に冷たかった。大きく胸を膨らませて深呼吸した。冷たい空気が胃に染みるように伝わる。疲れなどまったく感じなかった。

函館から電車で行った時、時刻票には所要時間が五〇分とあったのに、何かのまちがいなのか、一時間半ほどかかって大沼公園駅（亀田郡）に着いた。各駅停車なので停まる駅ごとに四、五分近くも停車するので最初はイライラしてしまったが、すぐに慣れてしまう。車窓からのんびりと移ろう風景を眺めながら旅をする。これこそ旅の醍醐味なのだとしみじみ思うのである。ガタンゴトンと規則正しい車輪の音が心地よいし、放心したような気分で、とてつもなく遠い所へ向っているように思えるのである。

大沼国定公園の駅前広場へ出ると、貸し自転車屋がある。二人乗り、三人乗りの自転車もたくさん並んでいる。公園内は左からと右周りのコースがある。

大沼は小沼と隣り合っている。趣きは多少ことなるが、どちらも清らかな鏡のような湖である。そして湖面には格好のよい駒ケ岳を映していて美しい。原生林が湖岸をとりまいて繁茂し湖面にその姿を映し、湖は緑に覆われたいくつもの島があって、湖面にそのままの姿を映し出している。その美しさには思はず吐息をもらすほどだ。神々しくさえ感じる光景である。島の多い松島とは異なる風景だが、松島よりも遥かにすばらしいものだと思う。

大沼公園もほかの観光地と同じように開発が進んでいる。公園への入り口辺りには洋風の洒落た店が並び、都市化が進んでいるのが一目瞭然だ。しかし、歓楽的な喧騒とは無関係だし静かな佇まいである。湖とともに箱庭のような絵になっているのでうれしくなる。諸々の花が一斉に開花する時期の六月や夏場の濃い緑もいいが、秋の紅葉は天下一品である。

手作りのだんごは名物である。練りアンもいいが、甘醤油のついた特製だんごの素朴な味わいは湖にぴったりだ。だんごを頬張りながら湖を眺めると、ボートの中で若いカップルが抱擁していた。

北海道の代表的な湖には摩周湖、阿寒湖、屈斜路湖、洞爺湖などいくつものすばらしい湖がある。観光客の多くはツアーに参加するのが一般的なので、摩周湖方面に行くパターンが多く、函館の奥にある大沼へ立ち寄ることが少ないものと思える。摩周湖のような代表的な湖もよいものだが、私はこの大沼国定公園が大好きである。

洞爺湖の湯煙

長万部町（山越郡）まで三時間かかった。洞爺湖までは信号が少ないこと、当時は車も少なかったからスムーズだった。

北海道に列車で行ったのは、三段ベットの寝台車だったこともあるし、北斗星の狭苦しい個室だった。長万部町を通過する頃には、朝日が昇って間もなく、すっかり太陽が昇って強い光が眩かったのを思い出す。

室蘭・苫小牧方面へのルートを進むと、蟹やイカの大看板が次々に現れたり、ドライブインの看板を横目に見ながら五時間も走ると虻田につく。浜辺で人だかりがあるので降りてみると、さして広くもない小川を黒々としたサケの集団が遡上するのが見えた。手掴みで獲れると思ったが「免許のない人が獲ると密漁になるよ」と、地元のおじさんが言っていた。交差点を左折して間もなく洞爺湖に着いた。

列車だと洞爺駅で下車することになる。上野を出てから一三時間五〇分の道のりである。

駅からはタクシーを拾うことになる。洞爺湖は温泉街の近くで噴火した有珠山《うすざん》で知られている。昔は有珠山などという山は知らなかったものだ。洞爺湖と温泉、それに昭和新山くらいの認識だった。二回目に訪れた時には温泉街は一変していたが、周囲の景観は昔のままだし、しっとりとした落ち着きも残っていた。有珠山の噴火で活火山であることを知った。昭和一八年頃には平坦だった畑や林が突然地割れし、二年ほど隆起や噴火を繰り返して四〇〇メートルの山になり、昭和新山と名づけられている。

山はいつ噴火活動がはじまるのか予告でもするかのように白煙を吹き上げ、硫黄の匂いが漂っている。麓にえぞ鹿牧場があり、近くにくま牧場が月の輪熊やヒグマなどを飼育している。

洞爺湖畔の温泉街も最近では洒落たホテルが多くなったが、落ち着いた雰囲気は失われていない。温泉は無色透明で肌触りが抜群によく、肌がいつまでもすべすべしている。

部屋から湖に面した広々とした庭は、緑濃い芝生が敷き詰められ、紺碧の湖に映えて静けさを増幅している。湖の中央に島があって、鮮やかな緑が美しく調和している。中島と言うのだが、小さな弁天島が寄り添うように浮かんでいる。

洞爺湖はカルデラ湖(陥没湖)で一八三メートルもの深さがある。行ってみたい願望があったのだが、最近では遊覧船で渡れるようになった。美しい自然はそのまま後世に伝えるべきだと思うが、この洞爺は温泉街のほかには開発の手がはいっていないのでうれしい。車でないと無理だが、湖畔を一周する道路があるのでドライブするとよい。向かい側には洞爺村があり、与謝野寛（鉄幹）、晶子の歌碑がある。

定山渓《じょうざんけい》を経て

札幌へは函館本線の列車で登別、苫小牧を経て千歳、札幌となる。途中に札幌の奥座敷と言われる登別温泉や支笏《しこつ》湖などの名勝と有名な温泉場がある。このルートを選ぶのが通常だと思う。しかし、今回は北海道を最初に走った道をたどることにしたい。

洞爺村から羊蹄山《ようていざん》の麓に広がる畑にはトウモロコシ、ジャガイモ、アスパラガスなどの区画が整然と並び、遮るものが何もないという風景である。所々に農道のようなところがあるが、羊蹄山を眺めながらの快適なドライブだった。

喜茂別町《きもべつちょう》の辺りにアイヌ村があった。熊の毛皮を床に敷き、彫り物をしたり狩の道具を作っていたり、おばあさんが機織をしていた。当時のことだが、正直なところ土人の仮住まいのようで気味が悪かった。もう一度行ってみたいと思って、数年後に方々を探しまわったのだが、地名も位置も覚えていなかったので目的を果たせなかった。

中山峠を越えて山道を下ると、すぐに年代ものの二階建て、三階建ての旅館が並んでいる町になった。ここも登別と同じく、札幌の奥座敷と言われる定山渓温泉である。何回か訪れたが、行くたびに道路は拡幅され、近代的な高層ホテルが並ぶ温泉街に変わっている。定山渓の近くまで開発が進んで鬱蒼とした山並みが札幌市民のベットタウンになりつつある。

定山渓からは四〇～五〇分で札幌市に到着する。途中の真駒内《まこまない》には自衛隊の駐屯基地があり、冬には札幌に次ぐ雪祭りの会場になる。円山公園を左にした交差点を右折すると道庁の脇に出る。北海道庁は植物園とアイヌ博物館などの施設と同一区画にあり、旧道庁は洋風の赤レンガで造られた重厚な建物である。周囲の繁みの中で威容を保っている。

札幌駅の裏側も開発が進み、いくつものホテルが建っている。昨今では予約なしでも宿泊できるので便利だ。

札幌ビール園は工場見学をすると、できたてのビールを振舞ってくれるので、飲めない人たちと合流すると満足感を味わえる。札幌ビール園はいつでも込み合っている。不思議と大ジョッキで何杯もお代わりできるのだ。マトンの焼肉もここならではの味わいであり、おいしくいただける。

札幌市内見物をする時、私にとっては徒歩圏内である。ブラブラ歩いてまわるのが好きだ。駅前をまっすぐ伸びる往還を行き、大通手前の一本左の道に時計台がある。昔はロマンチックに見えたが、周囲にビルが建ち並ぶようになったので風情が変わったようだ。雪祭りやソーラン祭りの行なわれる大通公園は日中も観光客で賑う。

札幌で感心することがある。地番である。西一丁目〜一八丁目、南一条〜一七条が大通りから西側で、北一条〜九条が北側といった按配である。天下に名高いススキノは時計台の前を西へ歩いてすぐのところである。

ラーメン横丁はいつの日でもツアーの団体で賑わっている。おもしろいのは特定の店の前に行列ができるので、並んでいるおばさんに聞いてみると「よくわかんないけど雑誌に出ていたので」とのことだった。私にはラーメン横丁は決してうまいとは思えないのだが……。

お得意さんを案内した時、蟹が食べたいと言うので、交差点の近くにある店にはいったことがある。何しろ産地だし安くておいしいかもしれないので、気楽に毛蟹を注文したのだが、一杯が一万円もしたのには仰天してしまった。

羊が丘公園から見渡せる札幌市街の風景

「ぐるり北海道」の旅も函館へ上陸してから大沼公園を通って洞爺湖へ行き、周囲を遊んでから羊蹄山の麓を走り抜け、定山渓を経て札幌へとやってきた。

札幌は円山公園、ポプラ並木に囲われた北海道大学、羊の群れと年輪を重ねたポプラの大木で知られる羊が丘公園。公園からは札幌市街や遠く石狩平野までが見渡せた。

北海道の四季は六月になると、北欧の国々と同じように彩り鮮やかな諸々の花が一斉に咲き出すので見事な景観を醸し出す。長いあいだ雪に洗浄された空気に触れて色気も香りもすばらしくなるのだ。柔らかく萌え立った落葉松が濃い緑に変わる夏には、馬鈴薯、玉葱、玉蜀黍、アスパラガス等が見渡す限りの畑を緑に染める。

秋の紅葉は、落葉松などの針葉樹が黄金色で包むようにして多彩だ。冬には白銀の世界で雪祭り、霧氷祭りが行なわれるので寒波を忘れさせてくれる。

丸駒はすてき

札幌の雪祭りを見に行った時のこと、ほかの雪祭りも見たくなったので駅前の遊覧バス発着場へ行ってみた。タイミングよく支笏湖までの遊覧バスが出るところだった。丸駒温泉にもはいれるコースがある。支笏湖そのものがはじめてだったし、丸駒温泉の名も知らなかったので即断即決である。案内のポスターには支笏湖で唯一の温泉と書かれていた。札幌から一時間くらい走ったと思うが、恵庭岳の山麓をまわった辺りでバスを降りた。駐車場には何台ものバスが駐車していて、バスガイドの掲げる旗についてゾロゾロと客が行き交っている。私も少し歩かされて氷でできた会場に行った。

ゲートをはいると、中は氷で作られた部落であった。樹木に付着した霧氷が太陽の光に輝くのは北の国だから驚かないが、建物も氷でできているのには驚いた。氷の部落は原色のライトに照らされていて、赤・黄・青などの光を反射した氷の煌きは雪とはひと味ちがった美しさである。売店の人に聞いたら「自衛隊が夜中に湖の水をポンプで放射して凍らせるんだよ」と教えてくれた。

再び乗ったバスは山道を登って間もなく、旧勾配の下り坂を右に左に巧みに縫いながら苦もなく湖畔まで下りていった。そこは丸駒温泉の玄関前広場であった。三台のバスが駐車しているのに、私たちの乗ったバスが悠々と方向転換したり、駐車出きるほどに広々とした前庭であった。

近代的な設計になる三階建ての大きな旅館が現れた。屋根の色、建物全体の色も湖の紺青に合い、周囲の樹々に溶けこんでいて美しかった。

ガラス張りの大きな玄関をはいると、ロビーは休憩用のソファーのコーナー、喫茶室、売店などが配置されていて華やかでさえある。右手階段を上がると居間がいくつもあって、日帰り入浴の客が休憩するところである。ロビーを横切って降りていくと、売店やゲーム室、軽飲食コーナーなどが続く廊下になり、奥にここの名物らしい野天風呂がある。

岩を抉り抜いた窪みに大小二つの野天風呂がある。湯の囲いは湖面すれすれになっていて、源泉は無色透明だが硫黄の匂いが漂っていた。

岸辺の辺りには薄い氷が張っており、鴨に似た小さな鳥の群れが逆V字型に並んで泳いでいた。源泉は四〇度以上の熱さであり寒さを感じない。

廊下にある掲示板や写真を見ると、天皇ご夫妻の泊まられた記念写真、源泉を発見した時の状況がわかる写真や先代夫婦がいわれとともに張り出されてた。

人跡未踏だった明治時代に、向い側の岸辺で発電所の工事をしていた人夫がここに湯煙が立っているのを見つけたらしい。人夫は小船でやってきて温泉が吹き出ているのを発見したのだと記されている。この人夫こそ今は亡き先代だったのである。小さな旅館をはじめたところ人気が出て賑わうようになり、近代的で大きな旅館に発展させたのである。昭和を生きた先代の奥さんは心根の優しさと、お客との分け隔てない交わり、そして絶やさぬ微笑みで常連客を増やしたという。人に好かれた女将のおかげだと往時の写真を並べて紹介していた。

小樽の名所

札幌から小樽までは、高速道路ができたので短時間で行けるようになった。小樽ＩＣを出て山の中腹に上がると、「鰊《にしん》御殿」と呼ばれる銀鱗荘がある。ここの庭に立つと、小樽の街並ばかりか小樽湾が見渡せるのである。網元はここで海を眺めて漁の状況をはかったと言われている。ニシン漁の華やかな頃には、ニシンの大群で海が白く盛り上がって見えたのだそうである。真似をして、腕組みをして小樽の街や小樽湾を見下ろすと壮観に酔うことができる。

銀鱗荘はその昔、網元が与市町から移築したのだと教えられたが、豪勢な木造二階建てで銀色にくすんだ屋根瓦、鬼瓦でなく木彫りのシャチホコを構えているのが特徴なのかもしれない。大きな一枚ガラスの引き戸といい、赤銅の樋といい、建物の中央部には天守閣のような望楼といい、すべてが建物の優美さを高めている。外観だけで圧倒されてしまうのである。気後れするほどの玄関をはいると、大黒柱はもとより、廊下や建具などの銘木、精巧な彫刻を施した欄間、畳敷きの大広間、調度品なども現代では貴重な材料と思えるものばかりだ。まさしく〝御殿〟なんだと納得させられる。

露天風呂もある高級旅館なので宿泊もできるが、贅沢過ぎる気がして昼食だけにした。昼食でも二、三万円は覚悟しておかねばならないが、会席料理に舌鼓を打つと、お大尽の気分がしてよいかもしれない。

小樽の町へ下りるとJRの小樽駅があり、続いて長崎屋の店がある。その先に狭い路地の小樽銀座が独特な風情で賑わっている。まだ昼を過ぎたばかりだと言うのに小さなスナックがあった。ビールを注文したら「あらッ、お久し振りーッ」と、素頓狂な挨拶に驚かされた。新宿で働いていた女性だったのである。意外な人との偶然の出会いであり、世間は狭いもの

雰囲気満点の小樽運河。特に夜はロマンチックである

だと痛感させられた。これが旅のおもしさ、魅力なのかもしれない。

小樽の代表的な名所は昔の運河沿いに並んだレンガ造りの倉庫街だろう。軟らかな明かりを灯すガス燈がロマンチックだ。何の変哲もない運河のまわりを改良して、有名な観光ゾーンとして発展させたプランナーのすばらしさに脱帽である。

船に関心のある人は、運河を渡って進むとフェリー埠頭が目につく。レンガ色とちがって白い巨大な建物で、大きなフェリーと背丈を競うように威容を誇っている。構内を覗くのも楽しいかもしれないが、すぐ近くには観光バスが何台も並んでいて人だかりがある。裕次郎記念館である。

記念館の中には世代がちがうのではないかと思えるほどのお年寄りが、先を争うように奥へ進み、彼が纏った衣服、自動車、レコードのラベルに溜息を漏らしている。記念品を買うおばさんの目の色が光っている。熱気を孕んだ異常な光景に圧し潰されて、ほうほうのていで表に出て深呼吸する始末だ。

「小樽の食処は？」と聞かれれば、やはり洋食よりも海の幸を探し求めるのが一番だと私は答える。ニシン御殿をのぞけば何と言っても寿司屋横丁ではないだろうか。寿司屋の暖簾や店構えを比べながら歩き、適当な店を探すのもよいものであるが、あらかじめ調べておくのが無難である。

小樽運河にかかった竜宮橋を左折して札幌と余市への分かれ道を右へ進むと、間もなく郊外に出て車も少なくなる。小樽まではＪＲに乗ってのんびりと海や海岸線の風景を楽しむのもよいものだが、小樽から先は自動車の方が辺りの風景が変化にとんでいて楽しい。ニッカウヰスキーの工場を見学して試飲の酒を飲んだり、ソフトドリンクのサービスを受けるのも楽しみである。

余市はソーラン節の発祥の地としても知られており、記念館も建っている。余市を過ぎて山道になると、日を遮るほどに鬱蒼と茂る山地になる。冬の間中は日本海から吹きつける猛吹雪に晒されているとは思えないほど緑が濃い。

およそ一時間で積丹《しゃこたん》半島の海岸線に出る、海の色がどんよりとし、曇り空のような鉛色に近い。何となく茫漠とした感じになる。

海に突き出た岬は海面から一〇〇メートルほどの高さだろうか、荒波にえぐりとられたように断崖絶壁になっている。海岸から二〇〇メートルあまりの海中に奇怪な姿をした神威岩という奇岩が屹立していて、辺りには岩礁が点在している。この街道を通ったしばらく後に、トンネルの落盤事故が起こったのが記憶に新しい。

積丹の町は夏の盛りを終えてひと休みといったところなのか、森閑としていた。珍しい魚を並べている店で「東京まで持ち帰って大丈夫か」と聞くと「今、獲ってきたばかりだ、大丈夫」と言うので、鱸《すずき》と白魚の稚魚を買った。安いのはまだしも量の多さには閉口してしまった。

帰途、小樽から高速へはいって間もなく、白っぽく大きな一画が見えたので一般道に降りて立ち寄ってみた。北海道庁が進めた第三セクターによる石狩流通団地だった。

団地の中まで港湾が掘られ、湾岸倉庫やコンテナ埠頭など物流機能を整えた近代的な施設である。敷地は五千～一万坪の区画に整備されており、縦横に走る五〇～一〇〇メートルの道路が張り巡らされ機能的だ。

石狩から札幌までの一般道はよく整備されている。道路幅が広く、信号が少ないので高速道路なみの走行ができる。札幌までは三〇分そこそこだった。道路の両サイドも新興住宅地として急速に開発が進んでいるようだ。市内へはいる前に江別市へ向った。手前の野幌には生協の配送センターがあり、江別には同業者の本社があるので訪問することにしたのである。

野幌は北海道開拓の村として有名である。町を縦断するように大通りがあって、西部劇を見るような街並みが残されている。大自然によく似合う町だ。

野幌森林公園は、札幌から函館本線だと五つ目の近さである。都心部から三多摩の距離よりも遥かに近いし、スケールの大きさは別格である。広さが2千万㎡もある日本有数の公園だ。中には三〇キロにも及ぶ道路があるという。歩いたことがないので書けないが、北海道開拓の歴史やアイヌのことを記した記念碑や資料館などがあるらしいので地元の人たちのお勧めコースである。

富良野のラベンダー

網走を目指しての旅は、旧国鉄時代は札幌発の夜行寝台列車で行ったのだが、今では特急で五時間もあれば行けるようになった。しかし、目的地までの道のりでしか味わえない山野の風景、農作物、農家、村の風景、牧場、町並、小さな店に漂う郷土の香りを贅沢に満喫するにはドライブに限るのである。

札幌から網走までは旭川～層雲峡を通って一気に走り抜けたのが二度、旭川から一度、十勝川から層雲峡経由を一度体験したことがある。

年毎に道路が変わり、民家など辺りの風景が変わってしまうので、時には道に迷うことがある。それは案内標識が旅行者に対して不親切なのである。

岩見沢を経由して美唄を通り越すと砂川になる。砂川は終戦直後に起こった「発砲事件」の現場検証があった時に、労組の派遣で訪れたことがあった。詳しいことは記憶が定かでないので、先へ急ごう。

新十津川から富良野、美瑛を走った。昔は延々と続く原野だったり、いも畑や玉蜀黍畑の中をつらぬいたような道路だったが、今では高速道路ができたので札幌から滝川までは高速道を使って行ける。この高速道を走っている自動車はほとんどなく、時折り見かける程度であった。走りながらも何で高速道路が必要なのか、との疑問がわいてくる。所要時間は一時間足らずだったのに、山を刳り抜いてトンネルを造っているので周囲の景観はほとんど見られないのである。

滝川ＩＣを出て根室本線と空知川に沿って南下している三八号線を走っていくと、約一時間で富良野に着く。

富良野の市内にはいる前に見渡す限り、なだらかにうねるラベンダー畑が出迎える。ラベンダーだけでなく六月には、ポピー、ルドベキァ、はまなす、ジャガイモの花などが見事だ。八月に行った時はコスモスが盛りだった。大きな起伏のある丘陵地帯が北海道らしい大規格の畑になっている。畑の向こうに北の峰、芦別岳の格好のよい山容が横たわっている。畑ごとに色のちがう花に彩られた区分けが山裾まで続いていて美しい。

富良野は大きく分けて数か所のゾーンがある。第一は北の峰を背にした「朝日ヶ丘公園」で、眼下に富良野の市街や空知川の清流が望め、遠くには十勝岳連峰が見事な山並みを誇っている。レストランで自家製のワインやビールを傾けながら時を過ごし、フランス料理を楽しんだりするのが気分万点である。

レストランは若者たちで溢れている。自家製のビールを幾種類か飲んでほろ酔い気分でラベンダーに鼻を押しつけて香りを嗅ぐのも楽しい。

第二のゾーンは山間に上って行き宿舎や温泉のあるハイランドふらのへ寄ろう。最大の面

美しく咲き誇るラベンダーと著者

積を誇るラベンダー畑があり、中へはいっていくと息苦しいほどの香りに咽ぶ。とにかく富良野はラベンダーに埋め尽くされているところである。

　街の方に下りてしばらく走ると、丘陵を埋め尽くしたラベンダーがきれいな日の出公園だ。車の中まで香りがはいってくる。花に埋まっている長い道のりをハァーハァーフゥフゥ言いながら辿り着き、大きく息を吸うと一気に甘い香りがはいり込んで心身を癒してくれる。

　お昼には少し早かったが、長距離を走る予定なので上富良野駅近くの寿司屋に立ち寄ってみた。到着した鮮魚を車からおろしており準備中だったが、気さくに入店させてくれた。

　北海道の中央部なのにどこから運んでいるの

か、刺身も地酒も美味しかった。お店を出て十勝岳の頂上近くにある十勝岳温泉に行ってみた。鬱蒼とした山林の中を上って行く道は新しく作られたばかりのようだった。コンクリートの縁石に縁取られて黒々とした舗装が綺麗だ。

層雲峡《そううんきょう》への苦闘

北海道は北の礼文島から留萌などの地域を「道北」と言い、札幌や小樽を中心とした地域を「道央」、函館から長万部町までを「道南」、摩周湖や阿寒湖などと知床半島の一帯を「道東」と言うのだが、層雲峡や十勝平野だけが「大雪・十勝」と呼ばれている。

私は北海道の山の美しさを代表しているのは、層雲峡ではないだろうかと思っている。その昔は、旭川から網走に抜ける畑の中の一本道を走ったという記憶があるが、今では道路も拡幅されて立派な街道になっている。それなのに高速道路を建設しているのを見ると、日本の道路政策がいかに膨大な無駄使いをしているかを実感する。山を抉りトンネルを造り、平野部分を嵩上げして道路を建設するのだし、ガードレールや照明など外国より数倍もコスト高になっている。腹立たしい思いに駆られながらも層雲峡に着いた。道幅も広くなり信号も少ないので、所要時間が大幅に短縮できたのには満足だった。

温泉街はビルの立ち並ぶ街に様変わりしていて、かつて子どもたちとキャンプをしたところなど見当たらなかった。昔の面影を偲べるのは層雲峡の絶壁だけだった。

層雲峡へは数回訪れている。旭川から三九号線を走るのが一般的であるが、昨今では約一時間半もあれば充分な道のりである。一度だけ十勝川温泉から二七三号線を走り大雪ダムを経由して層雲峡へ行ったことがある。

冒険的な旅になってしまったので加筆しておこうと思う。十勝川温泉を出たのが一七時を過ぎていたので焦る心をおさえながら二四一号線に出て北上した。夕闇も濃くなりはじめていたので、目を皿のようにして標識を読みながら走った。前にも書いたと思うが、北海道の道路標識は誠に不親切で、地元の人にしかわからないのではないかと思えるものが多い。そして〝アイヌ語の音訳と当て字〟なのである。おかしな話しだが、ローマ字を見て地名の読み方がわかるのである。まして新しい道路ができると、まるで見当がつかなくなってしまう。仕方ないので地図を頼りにしながら走った。二四一号の道なりに走って行ったら、ルートとは全然ちがった方向の足寄町《あしょろちょう》という町へ出た。

町中の交差点に掲げられた大きな道路案内を見ると阿寒湖、陸別方面、本別方面と書いてある。さっぱりわからないので町の人に聞くと「この道をまっすぐ三〇分くらい行ってから、聞いてください」と教えてくれた。

地図を見るとものすごく遠まわりだし、日中ならともかくはっきりしない山中の細道を行くのは頼りない。急に不安が込み上げてきた。こうしてはいられないとばかりにUターンして上士幌町《かみしほろちょう》まで戻った。

上士幌町でいくつかの工場の守衛に聞いてようやく糠平《ぬかびら》温泉経由の道に出ることができたのである。比較的平坦な道だったが暗闇で行き交う車はない。険しい山道を走るのは心寂しいと思うし、焦る心が自然とスピードを高めてしまう。前方を凝視しながら突っ走っていると、突然道路が消えて前方を黒々とした山に塞がれた。ゾッとして思わずブレーキを踏み込んだ。けたたましいブレーキの音をたてながら山の手前で停まったのでホッとした。その瞬間、山が動き出したので別な怖さに身が縮んだ。さだかではないが、おそらくトナカイではなかったかと思う。

糠平温泉の近くで二七三号線を走っていることが確認できたのでホッとした。道路に圧しかかるような断崖絶壁がライトに浮かび、鋭角に削り取られたような岩肌がライトを反射させる。峠をやや下ったところに大雪ダムがあり、三九号に突き当たった。やっと着いたという安心感が注意を散漫にしてしまい、正面に聳えるのは層雲峡への入口にあたる山並と感ちがいして右折してしまったのである。数キロ走ってから様子が変だと思って再びUターンした。

層雲峡のおもてなし

大雪ダムの三差路を旭川方面に直進すると新大函随道があり、それを通り抜けると、今度はいち段と長い銀河トンネルにはいる。トンネルを出て間もなくすると層雲峡温泉街がある。旭川からのルートだと上川を過ぎて、峡谷に差しかかってからすぐである。

峡谷は盆栽の古木を思わせる樹木に覆われた峰の連なりであり、峰の間には鋭角に削られた険しい岩山が屹立し、峰の頂きから流れ落ちるいく条かの滝の美しさが特徴だ。神秘的な峰と岩肌に囲まれた層雲峡温泉街は、三九号線を走る車の騒音を掻き消して驚くほど静かである。

温泉街の一番奥にあるホテル大雪に着いた時は二一時になっていた、迷いながらのドライブだったので通常の二倍もの時間を要してしまったのである。流石に源泉の匂いが辺りに漂っていて、温泉場の雰囲気に心癒される思いだった。

ホテルの玄関で「いらっしゃいませ、お疲れ様でした」と、笑顔で出迎えられた時、あれこれと言い訳をして気恥ずかしさを隠したものである。「どうぞ、お風呂にはいってからお食事になさいませ」と、部屋を案内しながら仲居さんが気遣ってくれたのが無性にうれしかった。

最近では正真証明の温泉は源泉と呼ぶことにしている。効能別にリストを作っているのだが、流石にここの温泉はまろやかな肌触りだし、身体の芯まで染み透る癒しに包まれる。きてよかったとおおいに満足したものである。

網走の変貌

北海道の温泉街は朝が早い。スケジュール通りに時間を追うツアーの観光バスが、次なる目的地に出かけるためであろうか、だいたい七時半から八時頃にはお客が乗りこんで出発を待っている。それにしても何とご婦人の多いことかと感心させられるのは私だけではあるまい。

ホテルのある丘から降りてくる時、朝日に照らされた峰や岩山がきれいだった。峰の遥に上を仰ぎ見ると、そこから清廉な水飛沫《みずしぶき》を散らしながら流れ落ちてくる滝に、虹の橋がかかって両脇の山々を跨いでいた。

三九号線で網走へ向った。網走への道も大道脈らしい立派な街道であり、楽しいドライブ気分だ。途中で北見市を通過する。かなり大きい都市のようであり、新興住宅街が注意を誘う新しい建物はツーバイフォーでカラフルだ。

巨大なドライブインと思えるセンターがあったので立ち寄ってみた。ジャガイモ、玉ねぎが山積みになっている、宅急便で送っても東京で買うよりも安い。

以前は網走までは美幌町と女満別町《めまんべつちょう》を経由して行く一本道だったが、何年か前に緋牛内《ひうしない》から網走市内に行ける新道ができた。

網走湖畔を走って行くのだが、車が少ないことと湖畔独特の風景が落ち着きと長閑さを見せてくれる。網走はオホーツク海に面した港町であり、流氷の町として知られており、釧網線と石北線の発着駅でもある。有名な監獄がある網走川の河口付近で発見されたというモヨロ貝塚と竪穴式の住居跡は「アイヌ民族ではなくヨモロ人のものだ。その先住民がどこからきて、どこに消えたのか謎に包まれたままだ」と、聞いたことがある。

網走刑務所が名所というのも変な話だが、私たちは子どもの頃から網走の名を知っていたものである。監獄・刑務所と言えば網走だし、厳しく過酷な監獄生活を強いられ、二度と出られぬ恐ろしい獄舎だなどと、悪の道へ走ることに対し、戒める口実に使われていたのである。

昔の網走刑務所は、網走湖に突き出た埠頭のような道があり、鏡橋を渡って正面のレンガ造りの門をはいった。正面の厳しい獄舎の玄関を見ただけで身が竦んだものだ。

分厚い扉の中にはいるとフロアになっていて、両脇に横一線の長い獄舎があり、正面とその間で五方向に同じ形の獄舎がある。つまり出入り口が扇の要になっており、監視員の詰所がある。監視が獄舎の隅々まで行き届くようになっているのである。囚人は自分の獄房からほかの獄房は見られない構造になっているし、脱獄など絶対にできない造りである。

現在は小高い丘に移築されて博物館〝網走監獄〟となり公園の趣である。案内人が大勢いて、施設をまわりながら往時の様子を伝えている。

「およそ一一〇年前に網走りから旭川までの軍用道路を開設する目的で、釧路の監獄署に収容されていた囚人を労力に使った。足に鎖を繋がれて険しい山河を切り開いたのだが、雪の降る厳寒の深夜でも働かされて、奴隷もかくやと思える酷使に、疲労や凍傷で多くの囚人が死んでいる」と説明を聞いていて、人権も人格も剥奪された人たちの苦しかったであろう往時に思いを馳せた。

獄房を覗いてみると、恐ろしさに身を振るわせて鳥肌の立つのを感じた。しかし「屋根裏

博物館〝網走監獄〟の外観。一度は立ち寄ってほしい

伝いに脱獄をした囚人がいた」との説明を聞いて、生きる執念の凄まじさを知ったと同時に、どう見ても神業としか思えなかった。北海道開拓の歴史を探るうえで見逃せないところであり、一度は立ち寄って欲しいところである。

網走の駅前から能取《のとろ》半島へ向かう。道なりに進んで行くと、原生林の生い茂った場所に出るが、遥に海岸に打ち寄せる波の音が聞こえてくる。原生林の脇にある細い道を行くと、林がなくなり広々とした草原になる。

昔はここまでくる旅人はあまりいなかったので、道は草が生い茂っている。岬に立つと、オホーツク海の荒波に侵食された岸壁が垂直になっていて足が竦む。侵食の食べ粕のように眼下に浮かんでいるいくつかの小岩の辺りにアザラシが生息しているのが見える。後で知ったのだが、能取岬はアザラシ群生地として有名らしい。岬の広がる能取湖は秋だったので、サンゴ草が赤くて別天地といった美しさであった。

神秘的な摩周湖

摩周湖は森林の中から山道になり、登り切ったところに展望台がある。最近は駐車場ができたので車を停めて展望台に行った。快晴に恵まれたので運よく青藍色の湖面を見ることができた。「美しい、素敵だ」、筆舌に尽くしがたい美の世界である。無心に湖面を見つめていて時を忘れるほど飽きない美しさだ。

二度目に行った時は乳白色の霧に覆われていたのだが、湖面が見えないながらも霧に隠された美しい湖面を想像して最初の美しさを思いおうした。

晴れ渡った摩周湖を展望できるのは運がいいと言われるが、三度目も快晴だったので〝運がいいッ〟とうれしくなり、運試しにもう一度行って見ようと考えるようになった。

摩周湖は摩周岳が噴火してできた噴火口である。周囲は切立った岸壁であり、湖面まで降りられない厳しさだ。概して言えば、すり鉢状になっているので縁になる部分を道路から見ると、一段と高い堤防のようになっている。その縁には遊歩道があるので次ぎの展望台まで歩いて行くと、向かいの摩周岳が位置によって変わるので歩きがいのある散策路だ。

水深が二一〇メートルもあり、透明度は世界一だったこともある。不思議なのは流れ入る川がないし、流れ出る川もないのに水位がまったく変わらないことである。

次ぎの展望台から下り道になり、川湯温泉に出て知床へ行ったこともあるが、摩周湖へきたら阿寒湖へ行かねばならない。光景の異なる双方を同じ日に観ておくに限るからだ。

阿寒湖

阿寒湖へは摩周湖温泉から釧路方面に二四一号線を行き、阿寒川の橋を渡ってすぐである。湖を囲っている鬱蒼とした原生林は深く静かな戸張となって神秘的な佇まいを見せている。その湖畔の一画に場違いのような繁華街が出現する。北海道屈指の繁華街をもった阿寒湖温泉峡である。

ホテル、旅館、小さな掛小舎の店ではアイヌの衣装を纏った男が彫刻に忙しい。できあがった彫刻を値切って購入するのが楽しい。一人で黙々とやっている小舎、同じ装束をして大きな店で働いている男女など、様々な店が密集している。北国の温泉街としては珍しい町である。阿寒湖のマリモは特別天然記念物として有名だが、北キツネやエゾシカが夜な夜な徘徊しているのは意外に知られていないようである。

阿寒湖から釧路への道を走った時は信号がないし、一〇〇キロ以上出している車が何台も追い抜いていった。釧路の大湿原でひと休みしていると、遥かな先に白鳥の群れが見える。白鳥と思ったが実は丹頂鶴の群れだった。鶴の優雅な動作を見るには遠いので、備えつけの望遠鏡で観察しなければならない。

大湿原までくると釧路の町も近いが、標津町《しべつちょう》からのコースで紹介するつもりだ。さて、順序としては知床半島へのコースを辿るために摩周温泉に戻る。弟子屈町《てしかがちょう》から標津町へのルートを走ったこともあるが、今回は小清水を経て知床に向かった時のことを記したいと思う。

オホーツク海に面している道路まで行ってから突き当たりを右折した。宇登呂《うとろ》の海岸は砂浜でなく、大きな玉石の折り重なった浜である。二度目の時は電車の旅だったので歩き疲れて一服することになり、石に腰かけて海に突き出た半島を眺めながらポケットウイスキーを飲んでいると、一寸離れた波うち際の小舎から煙が立ち込め、食欲をそそる匂いが伝わってきた。何でも首を突っ込む性格なので近寄ってみると、年老いた漁師が大きな鍋で毛蟹を茹でていた。小舎の手前では、おばあちゃんがうずくまって一生懸命に黒いものを洗っていた。何だろうと思って眺めていると「美味しいょ、食べてみっか」と言いながら手の平に剥きウニの身を乗せてくれた。殻を割って剥き出したウニを海水で洗っていたのだ。一気にほおばって極上の味を知った。

茹であがった蟹を「一匹売ってくれませんか?」とおずおず言ってみたら、「持っていきな」と温かな茹でたての毛蟹をくれた。今では考えられないできごとだったと思う。茹でた毛蟹を食べながらウイスキーを飲んだことが、あのうまさが今でも喉元に記憶させている。

知床半島は北側がオホーツク海に面していて、東側が根室海峡になっている。道路も砂利道だったが、今ではすばらしいドライブが楽しめる。途中で何台もの車が停まっていて大勢の見物客がたむろしているのに出会った。頂を見上げている者、写真を撮っている者などで道路を半分占領している。バスできた団体が記念撮影をする場所選びにてこずっている。オシンコシンの滝である。

北側の海岸はいたるところに様々な漁船が係留されている。防波堤がなくて大丈夫なんだろうか、首を傾げながら走って行くと、道が渓谷にはいって行き間もなく渓流沿いに「地の果て」と古ぼけた板の立て札が出ていた。地の果ての名に相応しい温泉宿があった。最近では、その先にある羅臼岳の手前で海岸線から山に登って行き、反対側の羅臼町に出られる立派な観光道路、知床横断道路ができた。

　山を登りきったところでオホーツク海を見渡せ、知床五湖を散策できるように大きな駐車場と、レストランや土産物を扱うセンターができている。ススキに覆われた獣道のような歩道を歩いて行くと、知床五湖の小沼に出られる。

　知床半島を横断する道路はすばらしいパノラマで、走っていて思わず唸ってしまう絶景である。峠を越えると北方四島の国後島が望める。返還を拒むロシアの不届きを思い出してしまい不愉快になった。もっとも、返還されたらたちまち開発されてしまい、自然がなくなってしまうという意見もあり、自然保護のためには放置しておく方が賢明なのかもしれない。

　峠を越え、つづら織りの下り坂を根室海峡側に下りた場所が羅臼町である。海岸線から標津に向かうのが普通だが、三〇年前に子どもたちを連れてきた時は、地の果てから半島のつけ根になる斜里まで戻ってから南下し、標津へ出て根室海峡沿いの道をセセキまで行ったのである。その頃の道路は凸凹道で、瓦礫の中を砂塵を巻き上げて走ったものである。

　セセキは半島の突端に近くて、山の麓の海岸沿いに小さな家が数軒建っているだけで、おそろしく辺鄙で殺風景な漁村であった。岩の折り重なった三〇メートルほど先に湯気が立っていた。岩場を伝うと温泉が涌き出ていた。三人ははいれるだろうか、蛸壺のような穴の縁を石で囲っただけのもので熱めの源泉であった。

たまたま漁師が網の繕いをしていたので聞いてみたら「遠慮しねぃではいんなょ、早くしねぃと満ち潮で消えてしまうだっ」と教えてくれた。村が管理する温泉だし、自然の恵みなので誰でも勝手に湯浴みできるのだが、引き潮の時だけ浮かび出て、満ち潮になると海底に沈んでしまう温泉なのである。傍らの岩に衣類を脱ぎ捨ててはいった。人の目を気にすることもない野天風呂であった。海の風が頬に気持ちよく爽快な気分になった。

日暮れが近かったので羅臼の町はずれでテントを張り、夕飯の準備に取りかかった。小さな魚屋で鮭を買おうと思ったら、おばさんに「鮭よりも鱒にしなょ」と勧められて鱒を買った。内地の鱒とちがって鮭とまちがうくらい大きなものだった。

子どもたちへの大サービスに何度も礼を述べていたら、無料の共同浴場を教えてくれたり、「テントよりも集会所を使って寝て行きなょ」と親切だった。一昨年だったが、再度おとずれた時にあの頃の人情溢れる人里を探しまわったが、街並みは変わってしまいお店もなくなっていた。

枯れた林

標津町から野付《のつけ》半島へ行ってみた。海岸沿いに伸びている道路を走る。商店がなくなり、民家がなくなって道端に網を干してあるのが生活を感じさせる。先の見えない直線道をひたすら走って行くと湿地帯らしき池がある。その向こうが小高い丘になっており、それを過ぎると枯れて白くなった木が何本か立っている場所になる。一面が白い枯れ木の林なのだから驚く。不気味さを感じるのは私だけではないだろう。

トドマツの林が海水や潮風によって浸食されてできたものだそうだが、自然の大規模な造型には驚かされる。現在も侵食が進んでおり、ほとんどが倒れてしまったらしいのだが、SF映画に出てくる朽ち果てた原野のようだ。

中標津を経由して釧路へ行くルートと、根室半島をまわってから海岸添いの道を走って釧路へ行くルートがあるが、中標津からのルートは紹介するような風景はなく、淡々としているので海岸線の方を走ることにした。

掘りのような小川を含めて何本かの河川を渡るのに、どの川の流れも底が見えるほど澄んでいて、黒々とした鮭が遡上している姿が見える。

釧路の巨大な湿原を時間をかけてまわるのも楽しいが、釧路空港から東京行きへの時刻に合わせたスケジュールを立てることをお勧めする。

北海道の話題となれば、何といっても鮭漁の光景であろうと思っている。帯広駅の脇を通りぬけて、然別湖や層雲峡方面に向かうルートを北上して、十勝川にかかる大きな鉄橋を渡ってから十勝川温泉に行くと、川沿いに建っている豪勢なホテルがあり、その先に公園のような川原が広がっている。

十勝川の幅いっぱいに堰き止めた段差を越えて、滝のような流れが轟音をたてている。その川下が淵のようになっていて、鮭の群れが川面に跳ねたり悠々と泳いでいるのを見物していると、二隻の船が網を張って川下から上ってきた。鮭は逃げ場を失って一毛打順に船に放り上げられる。豪快な漁に出会える。

帯広から海岸まで出て、海岸通りをえりも岬経由で苫小牧に行くルートは、海風に頬を嬲《なぶ》られながら走ると気分がよい。陸地には牧場が続き、海側には所々にレストランが派手な看板を掲げて客を呼んでいる。

私は一度だけだったが、日高高原を経由して苫小牧に抜けたことがあった。日高には競走馬の調教を行なっている牧場があり、駿馬の疾走を見学することができる。日高高原の峠を登り切ったところに広々とした見晴台があり、駿馬のモニュメントがある。雄大な北海道の原野が見渡せるのですばらしいところだ。

苫小牧は函館、小樽とともにフェリーで北海道へ渡る時の拠点であり、その意味では商業用の港と言えるのだが、札幌と直結させる考えで大規模な工業団地を開発してしまった。広大な用地が売れ残ってしまい、北海道の経済的な負担を重くしている。訪れると計画のいい加減さを見せられた感がする。

登別温泉は第一滝本館の大浴場と熊牧場で知られている。滝本館の地下にある大浴場は浴場と言うよりも、いくつもの浴槽や露天風呂があって、太規模なクアハウスと言った趣きである。

千歳線に沿って行き、千歳駅の手前にインディアン水車があり、千歳川を簗で止め、鮭を水路に誘導したところに大きな水車がある。水車が回転しながら水と一緒に鮭を捕えて籠にいれている。遡上してきた鮭は残らず捕獲されてしまうようである。珍しいので最初は見ていておもしろいが、徐々にかわいそうになる。

近頃、千歳サケの古里館という公園ができて、鮭の栽培の資料館や飼育中の稚魚などを見せてくれる回遊式の掘りがあり、勉強させられる。

千歳空港は大改造されてローカルとしては立派な施設になった。かつて冷戦時代には、ソビエトを睨んだ空軍が配置されていて、頻繁にスクランブル発進で鼓膜をツンザクような轟音を残して飛び立っていたが、ソビエトがロシアになり冷戦構造が変わったので、主力が北朝鮮を睨んだ小松飛行場に移ったらしい。北海道は、豊かな大自然のままで次世代に残すようにしたいものである。

第3部

東北の力強さに魅せられて

みちのく巡り（青森県）

最近になって書店の棚が大きく変わってきたように思う。お店の中にはいっていくと、一番手前の目につきやすい場所に、様々な旅行案内の本が置かれるようになったことと、アニメの本が圧倒的に多くなったのである。

両方とも世相の反映なのだが、アニメはともかく旅行関係の棚には男女を問わず、老いも若きも立寄る者が多い。旅行ブームはかなりのもののようだ。

誰もが一度は体験したであろう修学旅行の想い出は、大げさになるかもしれないが、生涯の貴重な想い出となって鮮明な記憶になっているにちがいない。

そのせいだろうか、旅先で出会う旅行者の多くはお年よりである。それも女性だけのグループで、いかにも余暇を持て余しているといった感じである。同級生や同世代の人たちで、学生時代に返ったようなはしゃぎ様だ。いくつになっても修学旅行の繰り返しのように思えておもしろい。そんな人たちの話しを聞いていると、どのグループも毎月のように出かけているらしく、旅のおもしろさが病みつきになっているのかもしれない。

私も旅をすると、訪れた先々の想い出をメモしているので〝ぐるり北海道〟で北の旅を寄稿したように、今度は本土を旅したルートの紹介をすることに友人と約束してしまった。「みちのく」と言っても広範になるので、北の青森県から南下することにしよう。

三六年以上前になるが、夏休みを利用して青森県を旅したのが最初だった。青森を旅するのが目的ではなく、北海道へ行くための経路だった。

東京を夕方に出発して深夜の四号線を夜通し走った。朝方の五時頃に十和田湖畔の休屋に着いたのだから、我ながらあっぱれと自慢したものである。

当時は高速道路などはなかったし、旧街道筋は凹凸も激しくて、凹凸を避けながら走らねばならなかったのだ。湖畔を一周できるように道路ができていたので、休屋の反対側にまわった。高台の展望台で眼下に十和田湖を見下ろした時には、夜明け前だったせいか、向かいの山並みが水墨画のようであり、湖面が濃紺の鏡のようで美しかった。道端から流れ出ている清水で顔を洗った。夏だからこそ感じるのだろうが、清々しい冷気に全身が引き締まる思いであった。

その水でインスタントラーメンを作って食べた。十和田湖の圧倒的なパノラマを満喫しながら澄んだ空気と旅先での開放感、空腹だったことでラーメンがことのほかおいしく、その時の味が今なお忘れられないでいる。

周囲が明るくなったので奥入瀬渓谷を子どもたちに歩かせ、私は徐行しながら下った。若葉がいち段と色鮮やかに映え、木漏れ日が神秘的な一服の絵。石を覆った苔までが緑豊かな惣菜のように見える。

八戸市まで戻って四号線を北上し、浅虫温泉で疲れをとるために入浴した。昔ながらの大きな旅館が軒を並べていて、湯の町全体がどっしりとした風情を漂わせていた。下北半島は恐山や太平洋の尽きることのない海原沿いを眺め、漁村の光景を見ながら走った。

八甲田山で

酢ケ湯温泉は知る人ぞ知る秘湯中の秘湯であるが、最近ではテレビの秘湯紹介などで度々登場するので人気が高まっている。

酢ケ湯に行くには、奥入瀬の渓流が終わる辺りを八甲田山の方に行かなければならないのだが、大雪のため通行止めになっていた。青森から通行可能だと聞いたので、仕方なく八戸方面に戻って四号線を進んだ。

青森駅前まで出てから青森飛行場の前を通って八甲田山にはいった。飛行場の辺りは黒々とした雲が覆っていたが雪にはなっていなかった。

八甲田山に登って行く途中で雪が落ちはじめ、次第に大粒になり吹雪いてきた。山道は午後三時だというのにすっかり暗く、暗闇から白い大粒の雪がどかどかとウインドウに降り注ぎ恐怖心を駆り立てる。カーブを曲がって車の向きが変わると横殴りに降り注ぐ。まるで雪の中に閉じ込められたような思いである。除雪車が雪かきをしたらしく道端には車の丈ほどに雪が積まれていた。

恐ろしくなってしまいハンドルを握りしめる腕がカチカチに強張り、足が硬くなってアクセルを踏むのに痛みを感じる。一本道だから引返すこともできないのでウインドウに顔を押しつけるようにして運転していると、ノロノロ運転にならざるを得ない。突然、後方で大きなクラクションの音が続けざまに鳴った。「連れがいるんだ」と思った瞬間に気分が楽になった。

やっとのことで脇に避けると、サーッと追い越していった車は若い女性が運転していたので、緊張しきっていた自分が情けなく思えたものである。スキーの板を屋根に載せた車だった。続いてきたもう一台も女性ばかりの車だった。何やら笑いながら当方を見ているので蔑まれたのかと勘違いしたほどであった。

運転しながら、多分この辺りに〝八甲田山の死の行軍〟で死んで行った兵隊の銅像があっ

八甲田山にて、後藤伍長の銅像

たはずだと思った時、身体も沈むほどの夜半の雪渓にのまれて死んで行った地獄絵のような映画のシーンを思い出して鳥肌が立つ思いがした。やっとのことで旅館の灯が見えてきた時の安堵感は、全身から力が抜けるような気がし、筆舌に尽くせないものだった。

旅館前の広場が駐車場になっているので乗り入れると、宿の従業員が雪かきをしたところに誘導してくれた。車から出ても不思議に寒さを感じなかった。

酢ヶ湯温泉の旅館は二〇年以上前にきた時のままであった。何十年も前に建てられた古ぼけた家である。

間口の広い玄関をはいるとフロントがある。フロントというよりも帳場といった方が似合う。

早速温泉にはいることにした。千人風呂と言われる浴場の広さは、八〇坪余もある大浴場であり、浴槽は総ひば造りだ。大きく四つに区切られていて、浴槽の縁が渡り廊下で移動できる。奥には打たせ湯が流れ落ちている一画があり、何本かの樋《とい》から勢いよく温泉の滝が落ちている。

湯量が多いことで有名だが、白く濁った温泉の効能は数多い。草津の湯に劣らず万病に効くのだろう。〝国民指定第一号〟になった所以であろう。

前にきた時は、修学旅行らしい女学生の一群がなだれ込むようにはいってきたので、逃げ出すチャンスをなくして往生したことを思い出した。しかし、今は一一月の閑散期だし、雪が降っている日だったので二〇人ほどのご婦人がはいっていただけだった。

水を何杯も頭からかぶって茹だった身体を冷やしながら長湯をして、混浴を楽しんでいる人もいたりしてゆかいである。浴槽の縁に小さくて字の不鮮明な看板があり「主として女性が使う範囲です」と書かれていた。しかし、一応の表示くらいの効き目しかないようで、男女それぞれに屈託ない談笑が続いていた。

迫力満点のねぶた祭。見事なつくりにほれぼれする

ねぶたの里

帰路は除雪車が作業をしてくれたので、黒ずんだ路面を走ることができた。両側の白銀の中に立っている樹木は、枝に雪を積もらせたままで美しい。日当たり加減で日光に当たって金色に輝いている。昨日とは打って変わったドライブ日和である。

山道を降りて間もなく、ねぶたの里と書かれた看板が見えてきた。山道のような小道をはいっていくと、公園の入口になるが車ははいれない。手前の駐車場に預けて公園にはいると、大きな簡易倉庫のような建物があり、郷土土産や農産物などと屋台まがいの売店がある。

その先建物の中に昨年使われたねぶた祭りの山車が三台展示してあった。間近で見る張りぼては精巧にできていて見事なものであり、お祭りにはぜひ見たいという誘惑に駆られる。

青森市内に戻り、青函連絡船のあった駅の周りを見て歩くと、昔日の面影はなく近代化された記念館が産業会館の役割りをはたしているように思えた。唯一、変わらなかったのは暗く淀んだ海峡の波涛と、空との間に遠くにぼんやりと見えるような気のする陸地だけだった。駅前の整備された市場の中で暖簾を下げた小さな食堂で昼食を食べた。イクラをたっぷりと盛った丼とイカ刺しが新鮮でうまく、驚くほどの格安であった。

青森駅から近いところに三内丸山遺跡がある。ご存知と思うが、五〇〇〇年も前の巨大な集落跡が発掘されたところである。旧石器時代から縄文草創期、縄文時代の約一万年に及ぶ人たちの営みの跡が残されているのである。七〇〇棟の竪穴住居跡や一〇数棟の大型竪穴住居などが発掘されたのだが、その規模といい、年代といい、文化的な生活水準の高さなど様々な縄文の文化、ロマンに触れることができる。有名な遮光器土偶を見たかったが、時間がなくなってしまったので高速道路を盛岡まで走った。

盛岡のわんこそば（岩手県）

芭蕉が歩んだ道を追って行けばよかったと思っているのだが、岩手をまわることにしよう。岩手県は大きな県である。県庁所在地である盛岡市は北上川と雫石川が合流する辺りに挟まれて盛岡駅があり、北上川にかかった開運橋を渡った先に盛岡城跡公園がある。南部藩の居城だったところだ。のんびりと散策をするのに適したすばらしい公園になっている。散策の後、商店街をブラブラ歩いて行くと民芸品や盛岡名物とも言える冷麺屋がある。冷麺はわんこそばをしのぐほどの食べものになったのだから、ぜひとも賞味すべき郷土食である。

駅前のわんこそば屋に上がりこんで、三陸沖で取れた鮮魚をベースにした郷土料理でお酒を飲んでいるうちにできあがってしまい、焼酎をそば湯で割って大いに盛り上がった時に隣の席にいた娘さんたちがわんこそばを食べはじめた。

賑やかなかけ声でロボットのように食わされている様子を見て、挑戦することにした。したたかに酒を飲み、郷土料理を食べてしまったので何杯い食べられるかは見当もつかないが、勢いに任せた挑戦だった。

盛岡と言えばわんこそば。みるみる積みあがるお椀

お膳にはお椀と汁を捨てる壷が乗せてあって、斜め後ろ横の席に娘さんが立ち、いくつものお椀に盛ったそばを「ホイきたホイッ、そーれっホイきた」というかけ声で煽りながら私のお椀に投げ込むようにしていれてくれる。それをすかさず一口で飲み込むのだ。一緒に汁を飲んでしまうと、そばの量に響くので飲まない方がよいと教えられた。不思議なもので、満腹のはずの私がトップになり九〇杯の賞状をもらってきた。

わんこそばの由来はお店のパンフレットによると、南部藩時代に風習としてあった、そばの振舞いが起源らしい。まるで早食い競争をやるような食べ方に思えるが、元は訪問客への最高のもてなしであったという。つまり、名物のそばを家中の者がこぞっておかわりのサービスをすることからはじまったようである。

小岩井牧場

四号線を戻って四六号線（秋田街道）にはいり、田沢湖の方に伸びている街道筋を進むと、雫石の手前で小岩井牧場の大看板が現れる。小岩井牧場の名前のはいった商品は、スーパーなどで知っている方も多いと思う。ホルスタイン種の乳牛がのんびりと草を食み、遊びにきた人たちがソフトクリームを食べながら散歩している。囲炉裏を覗き込んでいる人たちがバーベキューの煙に乗せておいしそうな匂いを送ってくる。

牧場の道をそのまま走ると、坂道になり岩手山の何号目かは知らないが高原に出る。ここからの眺望は圧巻である。

山を降りて雫石川の渓谷沿いの道をはいっていくと、渓流を隔てた向かいの岩場が変わっているのに気づく。杭のような石が幾重にも切り立っているのである。昔は車幅ぎりぎりの砂利道だったし、渓流の奥に沸き出ている温泉も山裾へ自然にできた湯溜まりのようであった。今でこそ露天風呂がブームになったので、岩や巨大な石で人口的に湯舟を造り、周囲を囲って作ったものが多い。

しかし、今は全然ちがうのである。雫石には御所ダムで造られた御所湖という人工湖がある。その渕の整備された道路に沿って進むと、奥の方の山間に鶯宿《おうしゅく》温泉郷がある。山裾にひときわ目立った大きな森に風鶯宿ホテルが現われる。

手前には八幡平カントリークラブやテニスコートなどがあるリゾートホテルだが、規模の大きさと超豪華さで名をはせたものである。こんな山奥で経営が成り立つのだろうかと思ったものだが、最近では懸念が的中して経営難に陥っていると聞いている。でもこのホテルは山の斜面を利用した施設なので、屋上の露天風呂にはいって岩手山の山並を見渡しながら、当館自慢の地ビール、銀河高原ビールを飲むのはは最高である。

鶯宿から盛岡ＩＣまでは御所湖の反対側の道を走り、つなぎ温泉を経て小一時間である。東北自動車道の上り線に乗ってすぐに花巻ＩＣがあるので、一般道に下り花巻温泉に行く。花巻温泉は市街と森に埋もれたような温泉街の地域と、志戸平温泉から鉛温泉までの街道筋の温泉と範囲が広い。ほかの温泉場と同じように最近ではホテルも大きいが、森の中のリゾートらしい風土は失われていないのがうれしい。

この地で生まれ育った宮沢賢治は有名だし、花巻の誇る文人である。町にある宮沢賢治記念館を覗くと科学者、農業指導者、地質学者と多才だった生前の業績が紹介されているので往時を伺い知ることができる。

中尊寺の黄金

中尊寺は東北の天台宗の総本山である。慈覚大師によって開かれたと言われている国宝である。

小高い丘にある境内に行くには、いく段かの階段を上がって鬱蒼と茂った杉木立に囲まれた参道を歩いて行くのである。奥にある金色堂は一一二四（天治元年）年に創建された最古の遺構だと言われている。

この奥州地域に栄華を誇った藤原清衡《ふじわらのきよひら》が造営したものであり、堂の内外を漆に金箔を押してあり、柱や須弥壇に派金銀珠玉が散りばめられている。青く光っているのは、夜光貝を細工したものだと説明を聞いた。壇の中には初代藤原清衡公と二〜三代のご遺体、四代の首級が納められていて近頃でも益々参拝客が多くなっている。

ご存知のように中尊寺は平泉にある。平泉は「平家の公達を破り、輝かしい戦績を収めた薄幸の武将だった源義経が、兄頼朝の反感から追われて三一歳で自害したという哀史、藤原一族が培った平和な理想郷だった、みちのくの政治と文化の中心」として古代のロマンを現

古代のロマンを伝える中尊寺

代に伝えている郷である。

芭蕉の詠んだ詩の碑が立っている。「五月雨の　降り残してや　光堂」と、あまねく知れわたっている有名な「夏草や　兵どもが　夢の跡」とある。

すぐ近くにある毛越寺は二代目の藤原基衡が建立をはじめ、三代目の秀衡が引き継いで完成したのだと伝えられている。藤原一族は戦乱で亡くなった兵士の霊を弔い、平和で文化に富んだ理想郷を作ることに力を注いだようである。仏閣、伽藍が建ち並ぶ霊地として知られており、極楽浄土を地上に表現したという庭園があり、ここに佇むと心の安らぎを覚える。浄土というのは仏様の世界、安らぎの世界なんだと思わずにはいられない思いがする。

中尊寺界隈には訪れたいところが多い。時間の余裕があれば数日をかけて歴史を読みながら一巡したいものだと想いながら猊鼻渓《げいびけい》に向かった。

日本の各地には名山と清流、渓谷が多くある。渓谷や川が多ければ必然的に舟遊びが盛んになるのだが、巧みに岩場をすり抜けながら激流に乗るライン下りは、美濃から犬山までの日本ライン下りを筆頭に、秩父の長瀞、天龍、鬼怒川、保津川などがある。比較的穏やかな流れの川では四万十川、瀞八丁、最上川やこれから行く、猊鼻渓などでの屋形船がある。

猊鼻渓の船乗り場には、何軒かの料理屋や休み処があり、地酒や山菜料理と名物のだんご屋がある。ここのだんご屋はぶら下がっている板を木槌でたたくとロープを伝って籠が下りてくるのである。中にはだんごがはいっていて、客は籠に金をいれるのだ。原始的なやり取りのようだがおもしいしスピーディである。

川の奥に発着場があり、お酒や肴を仕入れて団体が乗船した三〜四〇人乗りの船は、次々に相客が乗りこんでくる。最初は船がどちらに向かって行くのかわからなかったが、川下のすぐのところに堰があって、発着場の周りは小規模なダムのようになっているのを見て川上に行くのだとわかった。

漕ぎ出した船頭の案内を聞く。川は澄みきった清流で砂を敷き詰めたような川底が波間の光を揺らめかせている。大きな鯉が泳ぎ、ウグイが群れを作って船べりにくっついてくる。

次第に両側の岩が険しくなる。青空を屏風のように聳える岩には名称がついている。船頭の説明が方言そのままだから味わい深く、愉快だしおもしろさに腹をおさえて笑い転げた。

一番奥の折り返し点で下船して奇岩を観賞した帰りに、船頭がこの猊鼻渓で古くから歌い継がれている〝猊鼻追分唄〟を「清き流れの砂鉄の川に……」と歌ってくれるのだが、澄んだ歌声が切り立った岩にはね、渓谷にこだまして乗客をとりこにする。惚れ惚れする美声と節回しで陶然とさせるのである。ほかでは味わえない船乗りだった。行かれる場合には、テープレコーダーを持参することをお勧めする。

大震災の被災地・いわき市を巡って（福島県）

赤羽駅に集まった面々は、体調を崩していた方がおり計八名だった。心配された天気も薄日が差したり、ほどよい加減で絶好の旅行日和となった。

今回の旅は、東日本大震災の被災地を訪問し、目の当たりに惨状を見ることを目的にした。日曜なのに高速道の往来は閑散としていてスムーズな運行だった。

東京から一八〇キロ走った常磐自動車道の北茨城ＩＣを降りて、野口雨情記念館に着いた。いたるところに被災の跡が残っていた。三〇～四〇年前には生家を見学して帰ったものだったが、津波に流された一画を公園化して記念館が造られたのである。北茨城市歴史民俗資料館が正式な呼称である。雨情の生家は水戸徳川家藩主の休息所で観海亭（磯原御殿）と言われた名家であった。

野口雨情は早稲田大学の前身、東京専門学校を中退し、民謡風の詩作をはじめた。船頭小唄・七つの子・赤い靴・シャボン玉・青い目の人形・波浮の港などをはじめ、全国を旅しながらご当地ソング、学校の校歌も数多く作っていた。雨情は今でいうイケメンで俳優にしても充分な働きをしたのではないかと思われる。

二階にはこの地方の遺跡で掘り出された矢じりや壺、甕《かめ》などが展示されていたのだが、第二次世界大戦の終盤に風船爆弾を製造してアメリカ大陸に向けて発進させた記録が残されていた。製造工場と基地機能をもった貴重な資料を見て、複雑な気分にさせられた。

会館の正面に碑が建てられていて前に立つと「シャボン玉」音楽が流れ、シャボン玉が噴

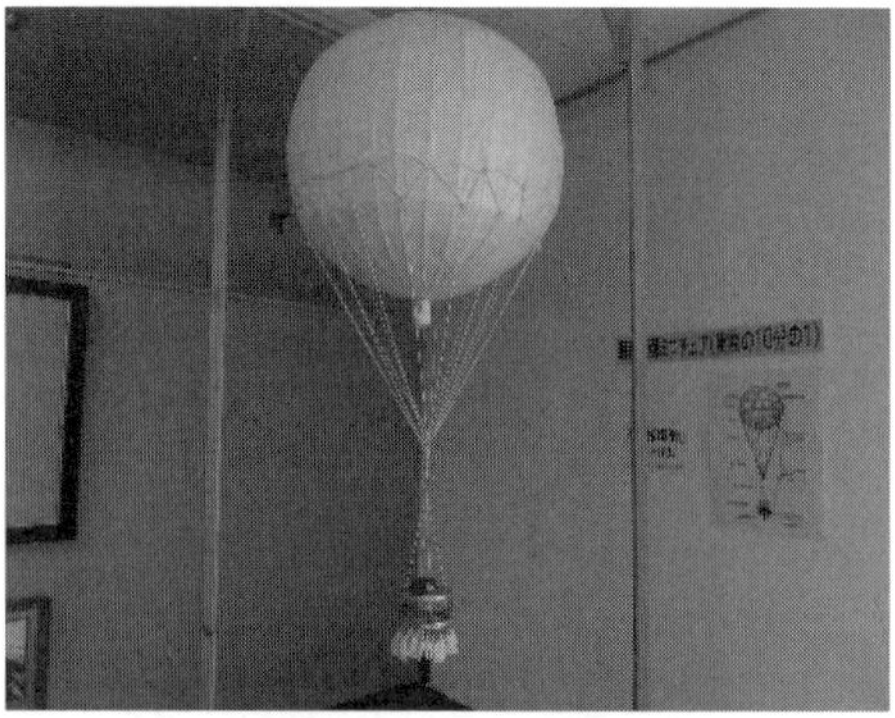

苦肉の策だった、風船爆弾

き出て被写体を飾ってくれる。

岡倉天心の六角堂

六角堂は五浦温泉と同じと思っていた。東北大震災前には何回か訪れていたのに、岡倉天心の名が出なかったのである。岡倉天心が明治三六年、四〇歳の頃に新天地を求めてここ五浦に邸宅と六角堂を自らの設計によって建築したのだと言われる。

六角堂は案内書に、①杜甫の草堂である六角亭子の構造。②朱塗りの外壁と屋根の如意宝珠と云う仏堂の装い。③床の間と炉を備えた茶室と定義されている。

基本理念には中国・インド・日本といったアジアの伝統思想を表現したものだと説明されている。「アジアは一つなり」という有名な言葉を思い起こす。

六角堂から階段を上って長屋門に向かうと、天心亭

歴史を感じさせる六角堂

という質素だが優美な品格のある建物がある。門を出ると、五浦温泉旅館の玄関前広場に出るのだが、広がる小さな広場に土饅頭のように盛り上げた墓地があった。岡倉天心の墓である。入り口に黄門の水場があり、ひと口いただいたが、なぜ黄門なのか疑問が残った。

美空ひばりの記念碑「塩屋岬」

五浦から塩屋岬に向かった塩屋岬と言えば、美空ひばりのヒット曲「みだれ髪」で一躍有名になった土地である。

ご当地は美空ひばりのおかげで広く宣伝され、観光客を誘致できたことをめでて、美空ひばりの石碑を浜辺に建てていたのだが、津波に押し流されてしまったので、高台に碑を建て替え、幼少の頃の肖像を建造して新たな観光資源にしようと実行されていた。

昔は住宅街と商店街が砂浜に面して広がったいたので、一変した風景に驚かされたが「津波で何もかも流されて終ったんだから当然ですよ」と、地元のおばさんが述懐していた。

確かに、被災の残骸こそ見当たらなかったが、建屋の土台だけが残った住宅街は溜息が出るほどに無残に思えた。

震災のつめ痕

小名浜魚市場も再建されて「いわき　ラ・ラ・ミュー」と呼ばれる洒落た建物になった。おさかな工房・レストラン・ふるさと食彩工房などのエリアにわかれている。何人かでまとめ買いをすると大幅な値下げを求められる。値引きがおもしろいのだが、全然値引きしない商品もあるようだ。同行者が慣れた調子で値引き交渉をしているには驚いた。被災地支援のこともあって、大量の買い物をした。

二六号線を北上して磐越高速を走った。東北大震災で常磐線と磐越線との連絡はできなかったのだが、最近は連結できるようになった。

磐越道は震災の傷跡が残っていて、所々に亀裂があり、車にショックを伝えてきた。

三春のデコ屋敷は、三春の枝垂れ桜で有名な一つの部落で人形を作っているところである。

九六歳というおばあさんが総本家を守っている。

人間だけでなく動物も、天狗の面も作っている。型に合わせて和紙を張り合わせていくものだが、厳しい修練が必要な工程である。絵付け作業も家族ぐるみでの仕事のようだ。

一〇〇年もする母屋と風情ある佇まいが旅の疲れを癒してくれる。

帰りに一民家が庭先に養殖しているつつじを観賞することにした。

我が栄遊会（旅をするサークル）の企画担当者でもある「関さん」が見つけた情報である。

聞けば、デコ屋敷で見かけた案内書を目にして早速誘ってくれたのである。

第4部

知られざる、関東

新緑に包まれた上毛深山を駆ける（群馬県）

五月一五日、久しぶりに「栄遊会の旅」の出発日である。八時三〇分までに赤羽駅前集合で持って行く手荷物はなかったが、そわそわと六時に家を出て駅まで歩いた。旅の楽しさを左右するのは天候の善し悪しだが、この朝は上々の旅日和である。気分が向上し、相応しい雰囲気となった。

赤羽から高島平のトラックターミナルを右手に見ながら進行すると、トラックの車庫や資材置き場などが路の両脇を占めていて異常な光景になった。戸山さんが「豚の道」だった地域だと教えてくれた。以前は畜産農家の集まりだったのが、環境の変化につれて山間部などに移転を余儀なくされたのだという。大がかりな地域の変動を実現させたものである。

関越高速自動車道は日曜日のためか、渋滞もなくスムーズな運行ができた。渋川・伊香保ICを降りてからも渋滞はなく、中之条町へ向かう旧子持村の交差点にある道の駅・こもちに立ち寄った。旅行帰りの客と思える人たちの賑わっていた。

野菜の種類が多く新鮮で、花木も格安だし美しい花をつけている。しかし、明日の帰りに買うことにしようと我慢した。

ここは旧子持村と言い、白井城址、白井塾等の歴史的な遺産がある。道の駅の裏側には、道路の中央を小幅ながらも清らかな水をたたえた小川が流れていて、両岸には色々な植木が生い茂っていた。

中之条町の旧中央通りを北上して上毛の山奥に向かう。地域経済のテコ入れなのかもしれないが、立派な舗装道路が続く。信号もなく対抗車線に車がこない。人家が途切れても立派な舗装道路は続き、まるで高速道路を走っている感覚にとらわれる。山を登るに従って道幅が狭くなり蛇行が多くなったが、道路は清掃され手入れの行きとどいた状態だった。

山の斜面を登り、いくつかの曲り角を過ぎて樹林が切れると、遥かに近隣の山並みが見えて、登ってきた深山の高さを実感させられた。

しばらくすると、富沢家の屋敷が現れた。道路は屋敷内に通じているので車を降りると、国の重要文化財「富沢家住宅」の石碑が立っている。広々とした屋敷の奥に茅葺の屋根を乗せた、堂々とした二階建ての家が周りを支配していた。

思わず大きく腕を広げて深呼吸を試みる。胸一杯に深呼吸すると、新緑の香りを感じ、清らかな大気がうまい。心臓が元気よく脈動を早めるのがわかる。

富沢家屋敷は国の重要文化財だけあって威厳がある

富沢家はこんな山奥で何を生業にしていたのだろうかと疑問に思った。すると、周囲の耕作地には色鮮やかな新芽を吹き出した桑の木畑があったり、養蚕の部落だったことを教えてくれた。

富沢家は江戸時代の建築で、二階には養蚕専用の部屋が残されている。澄み切った空気のもとでの養蚕がメインだったろうし、麓との交易を考えた馬車・牛車による運送屋を営んでいたのであろう。部屋の中には牛馬の飼育に使われた囲いが七か所も並んでいたし、土間には大きなひっつい（囲炉裏）がある。

建屋の半分を土間にしていることから想像するに、大勢の人が養蚕や運送に従事していた共同生活の跡だということである。

富沢家を出て十数分下ったところに映画の撮影所があった。同行者である関さんの肝いりであり、見学することにした。今回の旅は多分に文学的である。

旧校舎の入り口には、ロケットを背負った二宮金次郎のブロンズ像があった。最初は理解できなかったけれど、しばらくして自分勝手な思いで納得する気になった。

校舎にはいると、一人で炬燵にはいって留守番をしているおじさんがおり、映画制作に賭けた群馬の意気込みを知った。

壁にはプロマイドや色紙がところ狭しと張られていた。同じ部屋の奥には一軒の部屋を模倣した区画があり、映画のロケに使われた布団などが敷かれてあった。

一気に下山したところで親都神社に着いた。忍者隊の恰好をしたグループが集まって何やら打ち合わせをしていた。大河ドラマの真田丸にちなんでのイベントらしい。広場に着くと、向かいの山頂にかけて鯉のぼりが元気よくはためいていて壮観である。

隣の広場には茅葺屋根の立派な古民家が立っていて「蕎麦処けあき」という暖簾がかけてあった。ちょうど時間がよいので昼食にした。十割りそばを賞味した。

鬱蒼とした森林に囲われて、静かな山奥の温泉場だった川原湯温泉をのみ込む壮大なダムを建造しようと計画された。八ッ場ダムである。政権の政争に左右された数年だったが、ようやく本格的な工事がはじまったようだ。現在は流れを堰き止める堤防の建設を待つばかりである。

旧川原湯温泉は高台に移され、民家も対岸で新しい村落を構えていた。

やがては湖底に没する川原湯温泉郷、近くのＪＲ駅舎跡地や街道筋を新しく建造された橋の上から望見した。その規模の巨大さに感嘆した。

水源としての八ッ場ダムは何年後になるのだろうか？　関ナビゲーターが「五年後と想定して、五年後にここが湖となった頃に再度訪問する」ことを提案した。皆が賛同した。

温泉と岩魚の骨酒で有名な薬師温泉は、八ッ場ダムから大戸市を通って旧草津街道を南下した浅間隠山の山懐にある。宿泊施設の人がにこやかに出迎えてくれ、カバンなどを受け取って車で宿泊施設のある本陣の前に運んでくれた。

七〇〇〇坪の広大な敷地に各地の名だたる古民家を移築して茅葺家屋の集落を造り、古き良き時代の香りが漂う郷にしたものである。

正門（長屋門）をはいり階段を降りて最初の回廊には薬箪笥、船箪笥などの日本一のアンティーク箪笥の収集だと言われる通り、驚くばかりの展示量である。古伊万里、蒔絵、鎧兜や刀剣類が数多く展示されており、オーナーの好みが偲ばれる。どの展示室も、思わず釘づけにする美術品が並んでおり、まさに博物館である。

夕食に欠かせない岩魚の骨酒は、二〇センチ余の岩魚を炭火で焼いて、専用の魚の形をした丼に浸して竹筒で飲んだ。夢にまで見た振舞い酒である。ただちにお代わりを頼んだほどだ。ほかにも岩魚の串焼きが焼かれていたので一匹を丸ごと食べた。骨酒にした岩魚をもったいないので再度焼いて食べた、酒の香りがしたが本来の旨味があったので、二匹を完食したことになる。数日は満ち足りた思い出の余韻に癒される日々が続くことだろうと思った。

花と華（栃木県）

目的地の湯西川温泉は、豊かな自然を流れる湯西川の源流域である。周囲の山々に降り注いだ雨が森に蓄えられ、ゆっくりと流れ出して渓谷を潤している。

そんな渓谷の川に沿って細い道を、鬱蒼とした山林に分け入るように進むことが、平家落人の里への道筋なのである。

その昔、京都で栄華を誇った平家は、源平合戦に敗れてしまい、源氏の厳しい追手から逃れて湯西川に身を隠して生活をしてきた秘境である。落人たちの都会での雅な生き様や知識、生活様式は多くの秘話にもなっているし、伝説にもなっている。さらに、湯量豊かなかけ流しの温泉に恵まれた独特な環境を育んでいる。これらをまとめて、文化を後世に残し伝えようと地域の人たちが関わって作られたのが「平家の里」であり、湯西川の町なのだと思う。

湯西川というロマンと、ダムを造った後、どうなっているのかという憶測が交差していたが、同行する皆さんの期待は大きかった。そこで二〇一六年の「榮遊会秋季旅行」（私たちの旅サークル）の指定地になった。出発する一〇月二日まで指折り数える日々だった。

遅刻しないように日野市にある自宅を六時半に出発した。赤羽駅に八時に到着したので遅刻は免れたと安堵した。時間が早かったので周囲を散策して戻った時、なんとすでに皆さんの笑顔が並んでいた。

日光の杉並木を下り、日光北街道を北上して今市市を流れる鬼怒川にかかる大渡り橋の右手前にある川魚料理の店、船場亭に立ち寄った。

古ぼけた茅葺の屋根というよりも、屑屋根と言った方が状景に合う建物である。全体的に屋根の腐食が目立ち、一部に草が生えていた。店にはいるために裏側の岸辺にまわると、簗《やな》の見物ができる桟橋、鬼怒川の流れと対岸の風景が眺望できる見事な広場に出る。

広場には巨大な古木をくり抜いたテーブルや椅子が置かれていて、家族連れの客で満席であった。約一軒ほどの囲炉裏は、串刺しのアユが何十本も並んで、真っ赤に燃える炭火に背を焼かれていた。この店には、岩魚やウナギも生きたままで注文を待っているのを確認した。

大渡り橋を渡り、一路鬼怒川温泉をバイパス路で走り抜け、川治温泉を抜けた。川治温泉を過ぎると山坂になり、イロハ坂のように急勾配の坂を上った。

上りきったところが五十湖ダムの展望台である。台風が連続して通過したおかげで、ダムの水量は満杯であった。

小休憩の後、ダムサイドの道路を会津方面に向かって進んだ。すると湯西川温泉駅がある。ここから開発が進んでいるのだろうか、近代的な施設になっており、隣接して道の駅が地元の土産物や野菜などを売っていた。ダム建設のために細い道は湖の底に沈められ、道路は山並みの中腹を貫いてできた新しい道と、一部未完成の旧道の利用なのでアップダウンがある。

ダム湖の水が周囲の樹木を写している風景を眼下に望めたが、美しいとは感じられなかった。全体的に完成前のようであり、ダム湖の大きさは思っていたほどではない。

便利に過ごすためのダムとは言え、自然の調和を考えることは大切

「癒やしの観光スポット湯西川水の郷がオープン。ゆったりと豊かな自然を満喫できるフリースペースをお楽しみ頂けます」と、パンフレットに謳われていた。広大な道の駅を思わせる広場であり、レストランや売店、博物館が建ち、水陸両用の観光バスが発着する基地にもなっていた。水陸両用バスは、三〇〇〇円という乗車料だ。体験するほどの価値がないと判断して見学だけに留めた。

この施設は、自然を満喫できるという謳い文句とは逆に、渓谷特有の地形を削って斜面をコンクリートで固めたものであり、自然破壊の実態に直面しているので感心できなかった。

しかし、地元の野菜がお買い得であった。野菜を買う目的でリュックを背負っていたので、高原の大根、キュウリ、トマト、いんげん、キュウリの古漬け、味噌などを買い込んだ。いずれも東京の半額近い値段だし、新鮮でもあった。

いよいよ湯西川温泉にきたのだが、時間が早かったので街道を北上して三十三観音堂に行ってみた。看板やパンフレットの案内図にもあり、立派なお堂かと思っていたのだが、あにはからんや古びた小屋風の建物だった。それなりに古さを感じ、歴史的建造物だと思うようにした。

戻って平家の里に寄ることにした。ここは落人が住んでいた往時の家屋や、生活の有り様を今に残した湯西川のメイン施設である。広大な施設なので入場をやめ、周囲の林に歴史を刻んだ栗の巨木が落とした実を拾い集めた。山栗なので小粒だったが、皆で結構な量を確保した。

十数年前にホテル伴久に泊まった頃には、渓谷沿いに道路が造られていて、渓谷沿いにあった古民家が高台に移り住み、ダムの建設が本格的に進められていた。

私は「これで湯西川のロマンが消えてしまう、開発が地域の発展に寄与するとの考えはまちがっている。不便な地域だからこその落人部落であり、不便な山間の小道だからこそ落人部落を目指す夢、楽しさがあるものだ」と、声を大にしたのを思い出した。

思った以上に、湯西川の街は死に瀕していて活気がなかった。人の往来はほとんどなく、店も旅館も町全体がまるでゴーストタウンである。

古民家、商店、旅館も建て替えられぬまま、朽ち果てたようになっている様は、異様に見えた。

同行者が実家の家紋が〃揚羽蝶《あげはちょう》〃だと言っていたが、かつては至るところで見られた揚羽蝶もあまり見られなくなっていた。

今夜の宿は花と華である。想い出のある改名・改装前は国際観光ホテルと言い、外観が変わったが、前の雰囲気を生かし温泉がそのままに鋭気を生み出してくれた。

宴会は炉端を囲み、狩り場焼（落人が川原で魚・肉・山菜を焼いて食べた）である。岩魚と八潮鱒のお作り、黒毛和牛の鉄板焼き、鹿の叩き風サラダなど何種類もの料理が並び、岩魚の骨酒を酌み交わしながらひと時を過ごした。

死んだ町との寂しかった思いもいつしか忘れて、美酒の酒盛りに酔然とした。

翌日、今市市の交差点から日光街道を上り、杉並木にかかるそば屋に立ち寄った。地元で仕事の守備範囲だった同行者の導きである。

「一〇割蕎麦と普通の蕎麦を盛り合わせた一〇名限定のお蕎麦」を店員から勧められたので、特注の膳を注文した。はじめて味わう蕎麦のコシ、香り、のど越しはすばらしかった。

昼食を終えると、日光おかき工房に立ち寄った。おかき工房を名水の郷と謳っているパンフレットによれば、奥日光を源流とする岩清水の清らかな自然水をもとに作られているからだと自慢している。

訪れた客の車が構内の駐車場を埋め尽くしていた。前に訪れた時と異なっていた点は、商品の内容と試食用の器である。多分に試食用の見本を多く食べる客が多すぎるのを抑制するためであろうか、小さな穴から試食用の欠片を取り出すようになっていた。

帰路、鬼平犯科帳をイメージした羽生ＳＡを散策し、最後の小休憩を行なった。武蔵野線の南浦和駅まで送ってもらい、大変に楽な移動ができたことを感謝した。

多摩歴史ウォーク「歩き・み・ふれる歴史の道」（東京都）

もう、数年前のことになるが、私の住んでいる日野市は大河ドラマに決まった『新撰組』

で町をあげて燃えていた。そこで新撰組局長だった近藤勇の生家や道場、銅像や墓地などを巡る、多摩歴史ウォークが開催されたので参加してみた。

日本三大不動尊と言われる高幡不動、武蔵総社の大國魂神社を基点とした一〇通りのコースが設定されていたので、大国魂神社から深大寺までの一五キロのコースを選択した。前日はお得意様の招きでゴルフをしたばかりだったので、いささか疲れが残っていたが、歴史上の人物を尋ね歩く魅力に引かれたのだ。

天気予報が見事に外れて雲一つない日本晴れに恵まれたので、気分は最高だし、深まり行く秋の大気が爽快であった。

出発点である大國魂神社は府中駅の近くにあり、武蔵野の六大社をまとめた大社なので関八州の総社とも言われ、武蔵総社とも言われている。出雲の大国主神と御同神で約一九〇〇年前の一一一年に創立されたものである。今でも五月の例大祭は五日間にもわたって開催され、一の宮、二の宮と各地にある六つの宮ごとに神輿や竿灯、山車などが大國魂神社に集まって暗闇祭りを行なっている。秩父、川越などの祭りを遥かに凌ぐ大國魂の祭りは、壮大なスケールであり、歴史の重みを感じさせるものである。

歴史の古さは数多くの文化財を見ても歴然としているが、中でも平安時代の仏像や江戸時

荘厳な雰囲気の大國魂神社

代に日置光平・御蛇丸・烏丸・伊吹丸などの名刀が多く安置されており、徳川歴代将軍の朱印状などが残されている由緒ある神社である。

大國魂神社前の甲州街道を一寸下ると、相州道（府中街道）の交差点がある。府中宿の中心で高札場があり、都の旧跡として昔のままに保存されている。

高札場というのはご存知のことと思うが、よく時代劇に出てくる街道筋に立つ立看板のことである。法度、掟書、犯罪人などを記した板札（高札）を高く掲示する場所だ。

大國魂神社の表参道には、巨大な欅並木がある。平安後期に源頼義が奥州の安部一族の乱を平定しての帰途に戦勝を祝って植えたのがはじまりで、徳川家康が補植したと伝えられている古木の欅並木が鬱蒼と茂っており、荘厳な雰囲気を醸し出している。

九時三〇分にスタートし、境内から内門を出て旧甲州街道に平行して歩いていくと、東京競馬場駅の前を過ぎて武蔵国府八幡宮へ着く。この辺りには武蔵国府の跡があり、発掘調査が行なわれているようである。競馬場から東府中駅に通じる道筋に出ると、間もなく滝神社である。

競馬場ではレースがあったらしいが、かつてのような人出はなかった。しかし、若い女性が多く見られたので「最近は女性が多くなった」という情報が本当なんだとわかった。

競馬場通りを歩いていくと、いきさの道になる。いきさの道と言うのははじめて聞くのだが、ハケ上に沿って続く道で、いかだ道とも呼ばれているのだそうである。木材を運搬するいかだ師が仕事を終えて帰りに歩いた道だとも言われてきたようである。いきさの道は調布まで続いていた。

歩きながら年寄りが「右手の下には三段位の尾根があって、下は百姓が田畑を耕している部落があって、左手の高台には庄屋とか豪農の屋敷があった地域だったけど、今でも名残を留めている」と、説明してくれた。

自分なりに右手の方には多摩川が流れており肥沃な田んぼが広がっているし、奥多摩の方から伐採された木材をいかだに組んで運んでいた人たちのことを想像しながら歩いた。多摩の丘陵の中腹を縫って造られた道にちがいないと思って歩いていると、不思議な昔の光景が思い浮かんでくるのだった。

多摩霊園の方に伸びている道に、ひと際目立つ東郷寺がある。日露戦争時、日本海にロシアのバルチック艦隊を迎え撃った日本海軍、その旗艦三笠に搭乗して指揮をとった東郷平八郎元帥の別荘地だったところである。

別荘の敷地に建てられたという聖将山東郷寺は、その山門の重厚さから映画『羅生門』のモデルになったことで有名である。山門の前の枝垂れ桜は巨木であり、府中市の景勝に数えられているようである。この日は境内にははいれなかったのが残念だった。

多摩地区には三十三霊場があるそうで、それぞれの祠やお寺さん、神社をいちいち丹念に見てまわるのは時間がかかる。後で時間をとって改めて訪れてみたいという思いがわいてくる。次は上染屋不動尊（重要文化財の阿弥陀如来像）に立寄った。あまり大きくないお不動さんだが由緒あるところなのである。

今から約六四〇年前に新田義貞が上州（群馬県）新田郷で鎌倉の北条を滅ぼさんとして挙兵した。入間川をはじめ各地を転戦してきて、ここ分倍河原での決戦で北条軍に圧勝し勢いをかって鎌倉に攻め込み、見事に北条氏を滅亡させたのだが、この戦いに守り本尊として持参した尊像を椿森に安置しての勝利だった。新田義貞が戦勝記念に社殿を寄進したもので、国宝に指定されている。

市の重宝になっている上石原若宮八幡宮で小休止した。まだ半分も歩いてはいないが、少々足に重みが感じられた。上天気になったので汗が吹き出るようだった。

八幡通りを甲州街道の方に歩き、旧甲州街道から間もなく中央高速道路のガード手前に西光寺が現れた。西光寺観音三十三身像があり、西光寺大日如来坐像で知られた寺である。構内にはいると古い門があり両側に仁王さまが睨んでいて、手前の左に近藤勇の坐像があった。時々、車で通っていたのに知らなかった寺である。

西光寺から街道を下って飛田給駅の近くで、地元の老婆から行人塚の言われを聞いた。昔の甲州街道の重要な地域だった府中宿の様子を新鮮な想い出のように語る老婆の話に引き込まれていった。

東京スタジアムのおかげで飛田給駅の周囲は見ちがえるほどに近代化されている。今では味の素スタジアムと看板も書きかえられているのだが、一定期間の賃貸契約だそうである。金額は知らないが、宣伝効果は抜群によいのではないかと関心した。

スタジアムの脇を歩くとサッカー場や野球場がいくつも並んでいて、子どもたちが走りまわっていた旧調布飛行場の大きさに驚かされる。調布でさえとてつもなく大きいと思うのだから、米軍が使っている横田基地や嘉手納基地の用地は倍以上はあるのだろうか、膨大さに複雑な気分になった。

公園の裏側にあった武蔵野の公園に立寄った。眼下に調布飛行場の滑走路が望める。色とりどりのセスナ機が駐機していたが、発着の飛行機は見られなかった。正面に深大寺の森が見える。もう少しで終点になると思うと疲れが吹き飛んで行くのがわかった。

この近くに近藤勇の生家跡があり、産湯に使った井戸が保存されている。道の向かい側には近藤道場撥雲館が残されているが、私有地なので敷地内にはいれなかった。

さらに一〇数分で龍源寺に着いた。門の脇に地蔵さんに守られるように近藤勇の胸像があり、奥には墓場と辞世の石碑がある。前を右に折れて野川公園に出ると、武蔵野の水車経営農家があり水車小舎の中を見学できる。

武蔵野地域には農家が江戸時代に新田開発に伴って数多く設置され、大正時代に最盛期を迎えたが、昭和になってから時代の変化によって急激に減っていった。

この水車小舎は一八〇八年に造られてから一九六九（昭和四三）年まで稼動していたと説

知名度抜群の深大寺は、いつも賑わっている

明があった。野川の水を引いて大きな水車をまわすのだが、水車は屋内に設置されていて搗き臼(精米)一四本、挽き臼二台とやっこ篩(製粉)二台を動かしていた。

地域の農家が玄米や小麦を持ってきてついてもらっていたのである。水車経営農家として五代目になるそうだ。市では二〜三年後には補修し復元してご覧にいれたいと胸を張っていた。

野川に沿って下り、いよいよ深大寺に到着である。流石に名刹に相応しく人出が多い。深大寺は行ったことがない人でも知らぬ人はいないくらいに有名なお寺である。釈迦堂内の深大寺の梵鐘、銅造釈迦如来像など国の重要文化財がある山門は古めかしく、威風堂々たる構えであり厳かな雰囲気である。

お寺を囲むように裏には植物公園があり、前の方には水生植物園がある。最も有名なのが深大寺そばであろう。最近では温泉が掘当てられ賑わっている。

そば屋多門は、一番奥まったところにある。最も三鷹通りからは一番手前になるのであるが、一時を過ぎても行列がなくならないお店である。深大寺にはそば屋が多い。多門は決して大きいお店ではないが、知る人ぞ知る店なのである。焼酎をそば湯で割って呑むと地酒よりもうまいと思うし、野菜をみじん切りにした醤油漬けがつまみに出るのだが、楊枝で食べながらの飲酒は数杯を傾けるのに最適である。

陸上駐屯地訪問（茨城県）

勝田駅（ひたちなか市）の早朝は薄曇で、頬を刺すような冷たい風が舞っていた。上野から常磐線に乗ると水戸市駅の次の駅になる。改札を出てコンコースを左に行くと、西口の駅前広場になる。今回の面倒を見てくれる自衛官が出迎えてくれた。

バスの中は暖房が効いていていてほっとした気分になった。歓迎の挨拶と自己紹介をしてくれたのは、陸上駐屯地勝田の小坂田さんである。

バスは線路を水戸に向かって走り、ほどなくＴ字路になると広大な施設が現れた。門標に「陸上駐屯地勝田」と書かれた正門をはいると、衛兵が挙手で迎えてくれた。勝田駅からは約一〇分の道のりだろうか、あっという間の到着である。

障害物が置いてあり、ジグザグ運転をして通り抜けるとすぐに官舎の前に着いた。須藤校長以下、何人もの将校が出迎えてくれた。

教育部第二戦技教官室の須藤室長からの説明があった。この駐屯地では工兵の部隊、下士官、士官になる者を教育しており、特に地雷はどのような構造になっていて、どのような使われ方をしているのかなどを座学で教えこみ、実物で研修をするところである。

当日は士官を目指す者を教育をしている足立教官と石川下士官がサポートしてくれることになった。足立教官がスライドによる説明を行ない、室内に展示してある実物による解説をしてくれたのだが、私たちをして地雷の怖さを実感させた。

・地雷の基礎知識

①地雷の分類
A　地雷は対戦車用と対人用とがある。
B　破壊殺傷効果が大きい、また、事前に探知することが難しいのと除去することが極めて困難である。
C　世界に地雷はどのくらい施設されているのかを見ると、世界七二か国で一億一千万個も埋設されている。
アメリカ・旧ソ連・中国製が大勢を占めており、埋設されている国別ではエジプト領内が断然トップになっていて、最大二千三百万個にもなっている。

理由を聞いてみたら「現在は和平条約が結ばれているが、占領された領地はそのままであり、いつイスラエルとの紛争が起こるかもしれないという対策である」と、言っていた。
②地雷の性質
A　地雷は相手を選んでの殺傷でなく無差別性である。
B　ひとたび埋設すると、爆発するまで機能を保っている半永久性がある。
C　対人地雷は誰彼の差別がなく、ペンシル型やオモチャ型など非人道性が極めて高い。

D　生産費用が低価額である。安いものは三〇〇円で造られる。

③施設・仕掛け

A　容易に発見されないような隠蔽方法がとられる。地中に埋めて置くのが多いが小型の地雷は木の枝に吊るしたりする。

B　地中に埋めこんで上を踏まなくとも「わな線」を張っておき、足で引っかけると地中に埋められた地雷が跳びあがって爆発する仕かけ。

④探知要領と除去方法の実演

教室を出て芝生の敷きつめられた庭で地雷の施設してあるところを探したり、爆発させて除去する方法を見聞した。

地雷には手の平サイズから数百米離れた場所での振動、音波などに反応して爆発する、指向性散弾など種々雑多とも言えるほどであった。

訓練場は枯れた芝生の平坦地であり、一寸見たくらいでは埋設されたところは発見できない。同行者が中にはいって歩いてみたら、細い針金（わな線）を引っかけたのである。実弾が埋められていたら一巻の終りであった。

A　張り巡らされたわな線を探し出すために、三〇メートルほど離れたところに腹這いになり、紐の先に錨のような重石をつけて放り投げ、引っ張るとわな線に引っかかって地雷が爆発する。

B　手の平に納まるような小型の地雷には、足の底の部分や脛をやられる。地上に跳びあがってから爆発するので、上体がやられる六三式対人地雷は（一・五キロ）もある。

C　六七式対人地雷など年式別の地雷など種類も多い。

D　掃除機のような探知機（先端にまるくて大きなお椀がついたもの）は立ったままで周囲を探り、棒のついていないお椀だけのものを腹這いになって腕を伸ばして、目の前の周辺を探知するのである。

反応があったら特殊な金属棒を地中に刺し込んで探り、被せられている土を退けて地雷を引き出す。どちらも命がけの作業である。

対戦車の地雷などは、底の部分に信管が隠されているものもあるので、錨のような綱を地雷の上部に引っかけ遠くから腹這いになってひっくり返す方法もある。

当然のこととして、命がけの厳しい作業をしなければならないので、一日に八メートル

整列を見ただけでも統制力はさすがである

くらいしか前進できないという。

・実習整備工場

県道を挟んで隣に施設がある。ここは装備品の置き場であり、実習整備工場である。

案内役の小坂田さんが「土建屋と同じだと思ってください。民間の工作機械は大抵持っているのですが、色が草色になっているだけです」と、説明してくれた。

戦車橋＝車体の上に二つ折りにした艀《はしけ》を積んでいて、渡河作戦の時に現地に行って上の部分を後ろにずらして一本の橋にしたりするのだが、わずか五分で架設できる。

浮き橋＝車体の両側にボートの腹を外側にしたような形の作業車で、開いた時には二隻の船になる。上に板を渡せば即席の橋が造られる。川幅に応じて何台かを繋げればよい。

施設作業車＝油圧式のブルドーザー・ショベル・クレーンなどの機材を合わせ持つ万能車。

地雷源処理車＝地雷原の破壊を砲弾で行なうため、二発の砲弾を装備している。

プラスチック製の板を繋ぎ合わせて〝巻きダン〟のように巻いたものは、湿地帯などで敷いて車両を通す資材。


私が小学生の頃、学校の裏の池や軟弱な地盤で戦車が通れるように、木製の板を巻いたものを戦車に積み上げて、施設しながら前進するのを見たことがあった。資材が木製から軽いプラスチック製へと近代化しただけだと思う。

施設の周囲には池や田んぼがあり、どちらかと言えば長閑な農村風景に近い。右手に鎮守の森のような鬱蒼とした森が見える。また、武田神社（武田信玄の祖先がここの出であり、屋敷の跡）がある。例祭には武者行列が繰り出され、自衛官も参加するのだと話してくれた。

裏側に士官用のマンションが建っていた。「３ＬＤＫの家賃が月額二万円。しかし、駐屯地での食事は有料です」と、言っていた。

食堂は一般兵士と士官とは区別されていた。食べるものは同じでも、部屋を別にするのはリラックスした食事をさせたい思いからだろうと思った。私たちは士官の食堂でご馳走になった。カロリーは若い隊員の身体作りに適しているのか高めである。賄いは戦時中の訓練を兼ねて隊員が交代で行なうのだそうである。女性の隊員がサービスしてくれたので和やかな雰囲気が漂った。

三大名園・偕楽園と徳川家

地雷除去方法を見学してから駐屯地を辞した。帰りに梅の公園として名高い、偕楽園に立寄った。

梅の花の満開には時期的にみても少し早過ぎたようであったが、二月二〇日からはじまった「水戸の梅まつり」に誘い出された花見客は多かった。

水戸のご老公でお馴染みの光圀公は、第二代の殿様であり、梅里というペンネームを持っていたので、偕楽園は光圀公が造園したものと思い込んでいたのだが、実は第九代の徳川斉《なり》昭《あき》公によって造園されたものだと知った。江戸時代末期の一八四二年と資料にある。

現在は、後楽園の南門を隔てて田鶴鳴梅林の一〇〇〇本をいれて四〇〇〇本の白梅が植えられ、隣接する千波湖とともに広さではニューヨークのセントラルパークに次いで世界二位を誇っている公園である。

県は大変な力を入れて整備しつつあるようだ。植えられているのは約一〇〇種類もの白梅だが、種類ごとに開花時期を少しづつ遅らせて咲くので、長い間にわたって芳香を放ち、ピンクや紅の花を交えて人々の鼻を近づけさせている。岡山の後楽園、金沢の兼六園に並ぶ日本三大名園の誉れも高いのである。


水戸藩に学校が創建されたのは一六二年以上も前であり、弘道館と名づけられた。藩士の子息に文武両道の修練を積ませることを考えての城主、徳川斉昭の計らいである。医学・薬学・天文学・蘭学など幅広い学問を行なった総合大學的な学び舎である。水戸駅から歩いて四、五分の高台にある。

その昔に徳川御三家として天下に名を轟かせた水戸城は、那珂川を後ろにし、前を千波湖で固めた要塞だったのだろうか。現在の城跡には三の丸小学校や第三の丸県庁舎などがあり、抜群な環境を保っている。

内掘りを挟んで向かい側に弘道館がある。

「当時の社会情勢から、国の独立と発展をまっとうするために、優れた人材を育てなければ

見事な景観の偕楽園

ならない」との高邁な方針で建造されたものであり、幕府の学校とはちがった教育方針を持っていたという。

幕末の一五代将軍となった慶喜公は、斉昭公の七男として生まれたが、幼名を七郎麻呂と呼ばれ、五歳の時から弘道館で厳しい教育を受けたという記録が残されている。

徳川斉昭の博学ぶりは大変なもので、掛け軸や石碑に刻まれた教え、書道は奥方の流麗な書とともに圧倒された。見ているうちに溜息が出たほどだ。

重厚な建物は学び舎としての威厳を感じさせ、一坪もある畳敷きの便所・特に立て板式の小便器が珍しかった。竹を並べた手洗い場・風呂場など往時を想像しながらの一時を過ごした。

第5部

〝伝統交差点〟中部

伊豆の隅々を歩く（静岡県）

伊豆半島は都心から近いので数え切れないほど訪れており、特に熱海から伊東にかけての温泉はほとんどまわってきた。

伊豆半島には三島から修繕寺へ抜けるコース、沼津から船で戸田や土肥に行くコース、富士市からフェリーで行くコース、沼津から駿河湾沿いに車で行くコースなど、行き方も様々あったが、今回は熱海からスタートして半島を一周することにしよう。

どこも同じだが、ひと昔前の熱海は新婚旅行のメッカと言われたくらいに有名だったし、華やかであった。むしろ温泉街の標本みたいな装いと言える風情であった。今はなくなってしまったが、熱海ガーデンなどの旅館は建物といい、庭園といい最高のものだったという思いが強い。個人的には、熱海ガーデンがなくなったあたりから、温泉街の衰退がはじまったのではないかと思っている。

「お宮の松」がある海岸通りに並んでいたホテルが相次いで姿を消し、旅館が相次いでビルに変身した結果、銀座通りすら観光客の姿が少なくなってしまった。観光客は駅前からタクシーでホテルまで行く。ホテルの中には売店あり（最近ではコンビニ風になった）、レスト

遠くから眺めるときれいな熱海の街並みだが……

ランあり、居酒屋ありということで、表に出ないように囲い込んでしまったのである。暖光園など団体客専門と言えるホテルも潰れた。時代の変化とばかりは言えない現象であろう。

市は再生のためのプロジェクトを組んで構想を練っているようだが、プランの全体像は不動産的観点があからさまであり、かつての温泉街を取り戻すことは難しいのではなかろうか。

ともあれ、まだまだ熱海には横山大観の赤富士があり、大観荘などいくつもの老舗がまだ残っているのだからこれからに期待しよう。

熱海にはＭＯＡ美術館をはじめ、いくつか

の美術館があり、明治以降の文人墨客が逗留して仕事をしたという起雲閣や梅林が有名である。

駅から熱海銀座を歩いて行くと家康の湯がある。一六〇四年に家康が逗留したのだと伝えられている源泉である。右手に上がっていくと来宮駅や来宮神社がある。南に下りると糸川が流れている、昔は栄えていたゾーンだが、今は寂れた街並みを残すのみである。

商店街を南に歩いて行くと、初島や大島方面への船が発着する熱海港に出る。船客待合所と埠頭の前を通り越すと正面が後楽園ホテルである。

後楽園ホテルは海底温泉で売り出しており、以前に泊まったことがあるのだが、子ども連れが多く、施設も花火の見物もいまひとつといった感じが強く残っている。

熱海城・錦ヶ浦を過ぎると網代温泉である。温泉質は箱根～熱海～網代を水脈とした温泉である。

網代温泉は健保組合の保養所があるので何度も訪れている。馴染みの飲み屋が何軒かあり、夜遅くまで遊び締め出しを食ってしまい、部屋に残っている同僚に助けを求めることが度々であった。

網代の田村という干物屋は地魚を開いているのでうまい。長年の顧客になっているので必ずサービスしてくれるため、買いすぎてしまう傾向がある。網代温泉は町はずれにある隋道を抜けると岸壁の上に出る。盆暮れに家族そろって投宿して、新年の初日の出を拝みにきたことがある。

宇佐美は漁港と言った方がいいだろう。漁師の経営する民宿が多く、新鮮な魚介類が食べられるので好みに合う。市の半ばにある伊東線のガードを潜って伊豆山を上ると、伊豆スカイラインの亀石峠に交差する。

そこから進むと海岸沿いにできたサンハトヤホテルが見えてくる。ここは伊東市である。昔は海岸を砂浜ならず岩石が織り成していた。日立の保養所があってすばらしい休養を楽しんだことがある。

伊豆は東南アジアの各国代表が集うアスパックが行なわれた折に、海岸線を埋めて道路を造ったもので昔の海岸線とは趣を変えている。

伊東駅前から直線に商店街が伸びており、そば屋や饅頭屋、土産屋があってにぎやかである。突き当たりの道を右に折れると、旅館街を通り抜けて修善寺温泉に至る街道になる。

この街道は国道沿いにある海老名ホテルをはじめ、老舗旅館が軒をつらねている。旅の疲れを癒す傍ら押し花のできる旅館、ホテル聚楽が緑に映えて景観を誇っている。向かいの川沿いには広大な屋敷に講談社のオーナーが所有する博物館があり、散策する範囲は広く大きい。川の入り江にある公民館は数百人の会議が行なえる会館であり、常時何かしらの催事が行なわれている。

伊東温泉を抜けていち段と高台に出ると、海岸に沿って川奈ホテルがあり、有名な川奈ゴルフ場がある。川奈の町並みを抜けて南下すると城ヶ崎公園に出るのだが、戻って高台に出てから国道を直進すると伊豆高原に出られる。

伊豆高原にはサボテン公園、ルネッサ城ヶ崎に出られるが、伊豆高原駅が近い辺りは洒落た雰囲気が漂い、瀟洒なお店が多く、森の中には貸し別荘やコンドミニアムが多くあり、団体での合宿などにも最適なゾーンである。

国道を南下すると次は北川温泉になる。五、六軒の旅館が道端に並んでいるのだが、一〇〇メートルほど手前の海岸に露天風呂がある。海岸沿いに沸いている露天風呂であり誰でもはいれるのだが、道路際であり車が頻繁に行き交うので女性にはあまり好まれていない。

北川からすぐ熱川温泉である。熱川温泉の駅前にはワニ園と植物園があり、温泉での飼育が行なわれている。市街の入り口には漁港があって新鮮な魚介類が豊富である。ホテルの料理に使う新鮮な海産物が自慢のひとつである。

稲取温泉は坂を下って海岸に出ると、昔さながらに海水を竹笹に吹きつけて製塩するという原始的な技法と源泉の吹き上げる井戸がある。稲取温泉には春先になると「吊るし雛」が盛んであり、豪勢な飾りつけが各地で行なわれるし、観光客に作り方を伝授してくれるセンターがある。作った人形は持ち帰れるので、よい思い出と記念の土産になるせいか活況を呈している。

稲取温泉を過ぎると、早や咲きで知られた河津桜のある河津温泉である。桜の名所として名を馳せてきた河津温泉駅を車で三〇分も進むと、河津七滝《かわづななだる》という温泉場に着く。七滝を通り越すとループ式の橋になり、上っていくと伊豆山の尾根に出て、文豪など有名人の別荘が点在する中伊豆になる。縦断する下田街道を北上し、湯ケ島温泉郷・落合楼の前を過ぎた辺りに浄蓮の滝があり、その先には便所の神様として知られた明徳寺がある。さらに進むと修善寺である。

修善寺は桂川を挟んで温泉街が広がる独鈷の湯という湯煙のたえない露天風呂がある。中学生時の修学旅行で橋本旅館に泊まった時は、屋根も囲いもなく露天風呂だったので二階から丸見えだった。修善寺は弘法大師が開基したものであり、北条政子が建てた指月殿や源頼朝の墓などがあるが、竹林の小径はあまりにも有名である。

情緒豊かな七滝

中伊豆には鬱蒼と茂った森に覆われた渓谷沿いに清流を生かしてわさび田が多くあり、車がやっと通れるくらいの横道にはいって迷い込むのも楽しいものである。

さて、話を七滝に戻そう。七滝はいくつもの滝がある大滝、出合滝、カニ滝、蛇滝、エビ滝、釜滝と連なっている。

一番奥にある大滝は遊歩道の突きあたりにあり、手前の渕に『伊豆の踊り子』のモデルとなった書生と踊り子の銅像が建っている。

渓谷に面した河津七滝温泉旅館の風呂は何か所かの露天風呂と五右衛門風呂が五、六個も並んでおり、いずれも鬱蒼とした森に覆われた渓谷や滝を眺めながらの入浴ができるので、情緒豊かであり風雅である。

滝つぼを背にして一寸戻ったところに、民宿の鍛冶屋がある。一〇年ほど前に民宿の鍛冶屋に泊まったことがあるが、最近テレビのツアー番組で紹介されているので知られている。

入り口にある木の板を木槌で叩いて案内を乞うと、親父さんが顔を出す。家は煤けた鴨居、歴史をしのばせる先祖の似顔絵の額縁が掲げられた欄間、客間になる手前の部屋には囲炉裏が切ってあり太い薪がくすぶっていた。

夕食後に近所に飲み屋はないかと訪ねたら、親父が安心して飲める店だからと言って駅の近くの店を教えてくれた。「鍛冶屋に教えてもらった」と言うと、おかみが喜んで接待してくれたので、気分よく旅の夜を過ごすことができた。

戸田村と天城越え

下田市は相模湾に面した半島の再南端にある。明治維新直前からの日本史を知るうえで欠かせない地域である。

人見御供《ひとみごくう》となって悲しい生涯を余儀なくされた「芸者お吉」の非情の最後、初代総領事ハリスが寄宿したという玉泉寺。昔よりも品数が少なくなったように思えるが、了仙寺のピンクコレクションは相当なものであった。大人になったからだろうか、刺激が弱くなったためだろうか、年々受け止め方が退化して行く気がする。

下田市はお寺さんの多い町である。下田海中水族館のあるマリン公園でのイルカショーは規模が大きく圧巻であり楽しめる。

市街を抜け、渚に建っている東急ホテルは屋上の露天風呂からの眺望が抜群である。トンネルを潜って西伊豆海岸沿いの街道を三〇分も行くと、下加茂温泉郷である。

伊古奈旅館は温泉郷にはいってすぐである。山を背景にした老舗だが、老舗というだけあって欧米のホテルでは利便さというよりも古さに価値があるのと同じように、老舗という言葉がぴったりの宿だ。

最上階の部屋は五階になるのだが、山の斜面に建てられた長屋が何段かあって、お年寄りには少々きついのではないだろうか。母屋の屋根は窓から遥かに見下ろすようで、風光明媚なことは確かなのでそれが評判なのかもしれない。庭を散歩していたら「マムシに気をつけてください」との立て札があったので引返してきた。

西伊豆の海岸線（国道一三六号線）を北上して行くと、間もなく堂ヶ島温泉に着く。東の相模灘とはちがって海の色も変わってくる。堂ヶ島温泉の山の手には、常時一万株のランが咲き乱れていて一見の価値がある。

一寸先の海岸には恋人岬があり、秀麗な富士山を展望できる仕かけも公園にあり、絶対に立ち寄ってみるべき絶景である。

土肥温泉は金山があったことでも知られている。清水港からの駿河湾フェリーが到着する埠頭の近くの対面になるが、広大な広場があって天正金鉱・土肥金山の入り口になっている。昔の人夫がノミと斧で掘削した跡も生々しく残っており、人形で往時のようすを再現している。悪代官にしごかれながら苦役を負った人夫たちのようすを描いており、時代劇を見てきたような気分になってしまう。

土肥からも天城越えができるが、戸田港まで行き、戸田から天城越えをしたいと思う。

戸田港は伊豆を基地として遠洋魚業に出かける日本屈指の漁港である。巾着のように狭い入り口で奥が広くなった天然の良港である。数十年前までは陸の孤島と言われたところである。

一九四七(昭和二二)年のマーシャル群島を襲ったカスリーン台風で、戸田村の魚船団が全滅してしまった時、漁師が亡くなり大勢の未亡人が残されるという悲劇があった。

遭難事件が起こって間もなく訪れた際に、未亡人の家に泊めてもらったことがあった。その時に、この浜で酒の肴に漁師が出してくれた赤エビが大きな皿に山盛りだったことと、激安なことに驚き、すっかり惚れ込んでしまい何度も通ったし、このことを仲間に宣伝もした。

湾に沿って土肥の方に向かう道路際にあったその家では五右衛門風呂があり、食事時には朝から小船で釣ってきた駿河湾の地魚が食べられた。後に国民宿舎ができて近代化の波が急速に広まった。

戸田村は海岸線の岩場にウニが生息し、漁港には大小様々な魚が泳ぐ姿が見えて、一日中釣り人が絶えない。何よりもたかあしカニが名物である。

漁港を過ぎると修善寺へ向かう天城越えの山道がある。昔は舗装もされていない砂利道と山岳地特有の道路だったので怖かった道のりであった。今では道幅も広げられ、展望台が設けられたし、舗装されたので快適なドライブができるようになっている。

山を登ったところからみかん畑を縫うようにして下る道があり、狭い道を降りていくと大須崎に出て三津浜から沼津市に抜けられる。

天城山の峠を越えて間もなく、天城ゴルフクラブが広がった一画にプリンスホテルが林に囲まれて静かな佇まいを保っている。

修善寺温泉街はすぐそこである。山の中腹にビルが見えてくると大仁ホテルだ。ゴージャスな施設であり、業界の会合で何度か泊まったことがある。眺望は絶景と言えるし、露天風呂に癒される開発された秘境と言えるホテルである。

伊豆長岡温泉の思い出

伊豆長岡温泉は青年時代の思い出がたくさんある。

旅館の婦人大浴場が石塀越しに見えるというので、若者たちがこぞって這い上がったのはよいが、一人がこけて落下してしまい大騒ぎしたことがある。街には射的場が多かった時代である。私は宴会に呼んだ芸者に口説かれて置屋まで連れていかれ、朝帰りをしたことがあった。

最近の伊豆中央道の出口に面した伊豆洋らんパークはレストランがある。すぐ近くには伊豆長岡ロープウェーがある。かつらぎ山の頂上からのパノラマはすばらしい。

伊豆箱根鉄道の長岡駅から千歳橋を渡って川沿いに姫の湯荘ホテルがある。市内の入り口には華の湯旅館がある。華の湯はオーナーの好みだそうだが、書画骨董品が館内至るところに展示されていて興味のある人にはたまらない旅館だ。

千歳橋を渡って国道一三六号線を進むと、道路沿いに何軒かの旅館やホテルが並んでいて、昔を思い出す。間もなく韮山温泉である。

日本そばの老舗が変わらぬ装いで変わらぬおいしさで店を開いている。最近ではパソコンなどの情報を得てだろうか、遠方からの旅行客で賑わっている。

韮山は日本最古の反射炉があるので有名である。往時のままの溶鉱炉が聳えていて周囲の森林に際立っている。

飛騨古川（岐阜県）

各地方には必ずと言ってよいほどに民話や伝説などがある。夜の一時を旅籠の炉辺で老女が語る企画も旅人の心を癒してくれるものだ。旅の楽しみは、そんな地方の古くから伝わる民話、お伽《とぎ》話しなどから歴史を知ることができたり、話を通じてかつての風景を思い描くことがある。民芸の心に触れること、その地方に伝わる食文化の探訪が旅の醍醐味とも言えるのだ。

一〇月中旬、紅葉のはじまる飛騨の山々に囲まれた村の〝きつねの嫁入り〟を見物したくて出かけてみた。

独特の風情がある飛騨の街並み

飛騨市古川は高山市の隣りで、高山から四一号線を北上して富山県堺の手前になる。城下町として発展した町は、碁盤の目のように町が作られていて、今でも町を一寸歩けば古き良き時代の面影を偲ばせてくれる。

古川駅前の広場は整備されていて、何よりも全体がしっくりとした情緒を感じさせてくれる。駅前に伸びる道路を歩いていると、雨足が強くなったがかまわずに進んだ。会場である御蔵稲荷神社へは歩いて七分ほどかかった。

いち段高いところに社があり、五穀豊穣の幟《のぼり》が夜目にもはっきりと見えたが、広場にはいると公園を囲むようにテントが張られて地元の人たちが焼鳥、焼き魚、団子、五平餅、焼きそばなどを売っていた。

焼鳥と地酒を買って呑みながら売り子との会話を愉しんでいるうちに、琵琶を持った若い美人が舞台に現れ、きつねの嫁入りの弾き語りをはじめた。ストーリーは長文になるので要約してみる。

飛騨の国に古川というところがあった。肥えた土地の豊かな村で米や野菜などを作ってのんびりと暮らしておったと。五穀豊穣の狐神を祀って豊かな実りに感謝しておった。ところが水の神の大蛇が〝なんじゃ狐ばかりが大切にされておもくない〟と、腹をたてて田んぼの水を枯らしてしまったんじゃ。

古川を治めておった増島の殿様は、他国の厳しい年貢の取立てとは逆に年貢は取らないばかりか、借金をしなさって遠くから米を買って村人に分け与えたんやと。村人たちは偉い殿様じゃと感謝しとったと。

ある日、殿様が家臣と村を見回っていると、「助けて」と言うかぼそい悲鳴が聞こえてきたと。急いで行ってみると、野兎の罠に足を挟まれた若い娘がおったんじゃと。殿様は罠を外してやり、傷が癒えるまでお城で養生するがよいと言って城まで連れて帰ったんじゃと。娘は〝おこん〟という美しく優しく賢いおなごじゃった。傷が癒えると娘を連れて領内を

きつねの嫁入りのようす。独特の雰囲気にのまれる

見回りに出かけたが、相変わらずの荒廃に落胆している殿様に、娘が「荒城の川から水を引いて古川の里に水路を作るのです」と言ったんやと。その手があったかと、殿様は次の日から家臣とともに水路造りに没頭し、村人たちも総出で工事に取り組んだと。

そうして立派な水路ができたので見回っていると、水路から大きな蛇が飛び出して、憎くらしや水を枯らしたのに水路を造りおってと襲いかかったんじゃと。その時、白い狐が躍り出て蛇を打ったんじゃ。「殿様、わたしは気多の山に住む狐神の娘です。殿様や里の人が優しいので」と言ったんじゃと。

殿様はたとえ狐でもよい、わしの妻はそなたしかいない。里の人たちもおこん様しかいないと言うので結婚することになったんじゃ。その後、祝言が無事に行なわれて、秋には黄金色になった稲穂が重く垂れるのを祝っての祭りが行なわれるようになったと。

本光寺を出発した花婿は、花嫁の待つ円光寺で合流してから松明の明かりに行列をして、篝火《かがりび》の燃える増島城址公園のメイン会場に到着するのだった。

雨が降り続いているのに、花婿も花嫁もお供の侍や腰元たちに扮した若者たちも傘をささずにずぶ濡れになっての行事だった。

衣装は自前で作ったものだと後で聞いて感心させられた。古川市には古い町並み、土蔵街、三嶋和ろうそく店など見たいところがいくつもあったが、夜半だったので観光バスでホテルに帰ることになった。

第6部

歴史の宝庫、関西

ロマンが溢れる里・飛鳥（奈良県）

奈良には一九五七（昭和三二）年に勤め先の旅行会で訪れたのが最初である。東大寺や法隆寺の場合は歴史で習ったので予備知識は持っていたし、記憶も一応の確かさで残っている。その後、プライベートで観光案内に従って定められたルートを巡ったことがある。それから地元の旅行に参加した際は、知人である与作さんの案内で奈良市郊外のいくつかのお寺を詣でながら裏道や路地裏を散策したことがあった。

旅行というと、地域の代表的なところを見学したり拝観するのが一般的なのだが、地域の隅々を回って埋もれた文化に接することの方が感動的である。そんな思いに応えてくれたのだ。だから、これぞ〝奈良の都〟という印象が強かったのである。

今回の旅行も時間的に余裕をもって、飛鳥のロマンを訪ねる緻密な計らいでコースを選んでくれた与作さんの案内に期待が膨らんだ。

前回は猿沢池に近い地方職員共済組合（公共の宿）に泊まり、明日香村の古跡や奈良ホテル、鷺池の浮見堂、春日大社などを巡り、そば屋の素朴な佇まいが大いに気に入ったものであった。

西ノ京の大池だろうか、朝靄に霞む湖の向こうにくっきりと聳えていた二棟の三重塔が美しく網膜に焼きついた。朝日が昇るのを待ち構えているカメラマンたちの間を通って、与作さんの家に立ち寄り、お茶をいただいたことが懐かしく思い出される。

今回の旅は「夢の飛鳥ロマン旅」に集ってグループ旅行をすることになったので参加した。京都から近鉄特急に乗って約五〇分で橿原神宮駅に着いたのだが、そのわずか手前に広大な草地が出現し、奥の方に赤塗りの美しい門が見えた。急いで地図を見ると平城京跡である。赤門は近年に再現された朱雀門であることがわかった。

その威容と秀麗な美しい建物に息づまるような興奮を覚えて、一気に奈良を意識し胸が高鳴った。

改札口に与作さんがにこやかに出迎えてくれた。早朝の出発だったが、誰もが元気旺盛だった。賑やかに挨拶を交わしてホテルに向かった。

宿舎の橿原ロイヤルホテルは駅前から隣接した敷地にあった。ホテルに荷物を預けてから、ロビーに集合して旅の打合せを行なった。

今日は、タクシー三台に分乗して石舞台古墳に行き、それから明日香の村里を歩いて巡ることになった。第一日目の〝飛鳥を歩こう〟の行動開始である。

タクシーに分乗して石舞台古墳に行った。以前訪れた時よりも観光地化が進められ、周囲の広場には休憩所などの瀟洒な建物が建てられていた。

飛鳥のシンボルになっている巨石の古墳・石舞台は永年の風雪にさらされて、覆っていた土砂が流されてしまい石室が剥き出しになったものだという。五八七年に渡来人の豪族と結んで我が国はじめての政権を握ったと言われる蘇我馬子《そがのうまこ》の墓だと伝えられている。

石舞台から丘の上を見るとピンクの花が咲いていたが、周囲の桜は例年よりも一〇日ちかくも早いらしく、蕾を膨らませはじめたばかりだった。満開の時期にはライトアップされ、ローソクによる光の演出で幻想的な雰囲気を醸し出すという。昨年のパンフレットの美しい光景を眺めながら瞑想してみた。

与作さんが手作りのおにぎり弁当を用意してくれていたので昼食をすることにした。石舞台を見下ろしながら、その向こうに広がる明日香の村と山並みが一服の絵を見ているようでありロマンチックな気分にしてくれる。そのせいだろうか、最高に美味しい弁当だと思った。

石舞台の裏側になるのだろうか、公園と山並みの間を明日香川が流れている。川に沿った古道を歩いてみた。山の斜面が竹薮だったり、杉林だったりと田んぼ路なのだが、車が通らない明日香の田んぼ路ともなると気分も晴れやかになってくる。

明日香のシンボル、石舞台古墳

橘寺は聖徳太子が生れたところとも言われている推古天皇の別宮だった。六〇六年頃に聖徳太子がお寺に改めたのだが、その時には東西八丁、南北六丁という広大な寺地に六六の堂舎が並んでいたと記録にある。

本堂の太子堂には聖徳太子坐像が祀られており、境内には善悪二つの顔を彫った二面石、五重塔の芯礎等がある。庭の桜は蕾んだままであったが、明日香村を見下ろすことができた。

裏門に抜けて村の方に下ると、ほどなくバス通りに出る。道の向かいの一画には青々とした緑の芝生の中に礎石があって、その昔に立派な寺社が建っていた跡であろうことがわかる。案内を見ると、斎明天皇の川原宮の跡だと言われる川原寺跡であった。整然と並んでいる礎石は、発掘した大理石の礎石を一メートルちかくも元に埋め戻してプラスチックなどで復元したのだという。

バス通りを少し歩くと明日香村郵便局があり、その先に村役場がある。次の恵比寿神社前の交差点から細い路地をはいっていくと田んぼに出た。人だかりがあるので行ってみると、発掘を終えて埋め戻しをしているところだった。村役場の担当職員が観光客の質問に応えていた。「ほとんどの遺跡を発掘し終わった。発掘して記録をとったら元のように埋め戻すのです」ということであった。

貴重な遺産を後世に残すための方策だと理解しながら次に進んだ。

私たちは与作さんの誘導に従って田んぼの中の畦道を歩いた。一般の旅行客には到底わからないだろう、路と言うよりも畦を歩いたのである。大通りに出ると、大きな建物が現れたが天理教の道場らしい。奈良は天理教の本拠地でもあることは承知していたが、壮大な飛鳥のロマンを打ち壊してしまっているような気がして歓迎できなかった。

脇道をはいり、五〇段ほどの階段に出くわした。酒船石の遺蹟があることを示す立て札であった。

酒船石遺跡は発掘されたばかりであり、深く掘った穴の底に亀の形をした石を覗き込んだことがあったと思い出した。このような丘の上ではなかったはずだと思いながら階段を登った。

階段を登りきって竹の生い茂った山の中腹に出ると、右手に大きな石があった。厚さが一メートルほどだろうか、表面には大小いくつかの丸い穴があり、それらを結ぶように溝が彫られているのである。何に使っていたのかいまだに定かではないようである。どうしてもわからないのは、このような巨大な石をどこからどうやって運んだのか、という疑問である。周囲の状況からこの山を削ったとは思えないからである。

山の中腹を横切るようにできた路を歩いて行くと、山の裾野へ下りていく坂になった。坂を下りるのに階段らしき土留めを一段ずつ慎重に降りた。すると右手の山裾に亀の形の石（亀形石造物）の出土地脇に出た。周囲はすっかり装いを変えていて、石を中心にして池を造り復元したらしく、噴水があり立派な公園になっていた。山の中腹にあった酒船石と亀形石造物はセットのものなのか、全体を酒船石遺跡と言っているのである。ちなみに、今では亀形石造物の公園にはいるには観覧料が徴収される。

そこを出ると向かいの角の高台に、明日香民族資料館の大きな建物があった。約一〇分足らずで飛鳥寺の門前広場に着く。何軒かの売店が地元の農産物を交えて商っており、客で賑わっていた。

美しい明日香村の棚田

飛鳥寺は蘇我馬子が建立した日本初の大寺院である。中には五八八年に造られた飛鳥大仏がある。崇俊《すしゅん》天皇元年に蘇我馬子が建設したもので、日本では最も古い建物である。

本尊の飛鳥大仏は鞍作止利《くらつくりのとり》の作とされ、杏仁形の目はアルカイックスマイルと言われている。法隆寺の釈迦三尊などと共通しているそうである。

飛鳥寺の境内にはいる門の脇に大きな松の木があり、往時を今に伝えているような雰囲気があった。本堂の中に鎮座している様は見上げていると、何かお説教をされているような気分になってくるようだ。

飛鳥寺の裏門を出ると真向かいに甘樫丘《あまかしのおか》が見える。手前の田んぼの近くに蘇我の首塚があった。特別な手立てはしていないが、一時代を摂関した者の塚にしては淋しい気がしてならなかった。

首塚から甘樫丘の方に向かうと、両側の住宅街には喫茶店を営む家があったりして、優雅な雰囲気を醸し出していた。

そして、甘樫丘の麓を回り正面から丘の上まで登った。標高一四八メートルあり、飛鳥の里と藤原宮跡を一望できるすばらしい眺望であった。明日香ばかりか、明日香を取り巻くように聳える山並み、橿原や西の京の方までが視界にはいってくるのである。大化の改新の頃には、蘇我一族の館があったところだ。桜、桃、ススキなど万葉に詠まれた花木が植えられていて環境は抜群である。改めてこの地にあった蘇我氏の思いがわかったような気になった。

近江の郷を愛でて（滋賀県〜京都府）

我がお茶の水ロータリー倶楽部は、アストロパーク天究館を見学し、合わせて近江の郷から比叡山を経て、京の都へのルートを観光することになった。

我が親睦活動委員会の一戸委員長は、この移動例会を万全で楽しいものにしたいと、単身で天究館の下見をし、大宇宙の神秘やロマンを体験し、信長や秀吉の安土桃山時代にタイムスリップしながら京都へというスケジュールを作ってくれた。

歴史の宝庫である近江路の旅がしたいものだと常々考えていたので、またとない機会であり期待に胸を膨らませていた。

一九九六（平成八）年一一月一五日、米原駅前に集合し、待機している観光バスに乗って長浜の秀吉博覧会を見学してから多賀町へはいって、地元の多賀大社に立ち寄り、ダイニック株式会社が誇る滋賀工場を訪問して、夕方には天究館に着くというスケジュールである。

私どもの会社では、会議の時間規制を行なっており、一時間以上の会議は禁じているので、早朝会議を招集しても出発時間には充分に間に合うと思っていたのだが、段取りが悪くて指定の発車時刻には乗車できずに三〇分余の延着をしてしまった。

さぁー大変、目的地であるダイニック株式会社の所在地がわからないだけではなく、連絡の方法も考え及ばぬままに、事務局の方や会員の皆さんに対しての申し訳けなさで溜め息がでるほどの狼狽ぶりであった。

駅員に聞いたがわからないので、会社の方に電話して道順を聞くしかない。「誠に申し訳けありませんが、会議の都合で遅刻しちゃいまして、今、米原に着いたところなのですが、そちらへ行くにはどのような方法があるのでしょうか」と、道順を聞き、ひと安心をしたのだった。

近江路は彦根・米原・多賀の古き街で組み立てられるが、それぞれに歴史のある由緒深いところであり、昔に思いをめぐらせながら、いく日かの散策を楽しみたいものである。戦国時代の風雲児・織田信長が天下統一の夢を実現させた町、緑豊かな田園地帯に安土城跡をはじめ、浄厳院・セミナリヨ跡など信長の栄華の跡が忍ばれる。近江源氏、佐々木氏の遺跡も点在しているが、何と言っても日本の歴史を大きく変える基礎となった安土城は、誰れでもが知っているし関心が深いものだである。一度は訪ねたいところの一つである。

安土城は一五六二（天正4年）年から三年間をかけて築かれた名城で、信長が天下統一の礎としたところである。天守閣は五層七階建て、日本で最初の高層建築物だとのことである。豊臣秀吉が八幡城を築城し、安土の人々を移住させたことにはじまる近江商人発祥の地でもあり、歴史の重みとうつろいにロマンを感じる。

数十分も前から駅の小さなホームに待機している電車は、大きさが都電くらいの大きさで、前方と後ろのドアに乗車駅を示す番号印刷の発券機がついている。

初乗りの私にとっては興味深々なので一番前の席に座わったのだが、ふと車内を見ると乗客は私をいれて四人だけであった。ワンマン運行だから、運転手は降りる客から料金を取らねばならないので、停車するたびに客室へはいってこなければならないので大変である。

近江の郷をガタガタッ、ゴーッグーッ、ガタガタッと大きな音をたてて走る電車に揺られているうちに、旅の気分が沸いてきて親しみを感じるようになった。

高宮駅で運転手が指を差して「あの電車に乗ってください」と、親切に教えてくれた。一寸した三角州の土間を挟んで大きくV字型に開いたホームの反対側に止まっていた電車に乗ると、座席で週刊誌を読んでいたおじさんが立ち上がって、足を引きずるようにして運転席にはいった途端に走り出した。

まるで西部劇にでも出てきそうな草むした線路である。田んぼや工場の脇を走ったのだが、本線の電車よりもいち段と大きな音をたてて右に左に首を振るように車体を軋ませ、まるで老骨にムチ打つという感じで、韋駄天走りという表現がぴったしだった。多賀駅も無人駅だったので運転手に切符を渡す時、記念に貰いたいと言うと無言のまま頷いてくれた。

やっとの思いで多賀講本部に着いた。奥には白壁の土蔵の宝物殿があり、その先に「延命そば」の幟りを立てて大きなお店が営業していた。そばは大好物なので食べようかと思ったが、広々とした店内にはお客が数人しかいないし、何やら殺風景だったので食欲も起こらなかった。後で天究館の館長に聞いてみたら「あの延命そばはおいしいので有名なのだ」と教えてくれた。食べておけばよかったのにと、いささか残念であった。

そば処を過ぎると広々とした庭になり、多賀大社の建物が荘厳そのものといった趣で建っている。正面には能を舞うのだろうか、それともお神楽の舞台になるのだろうか、立派な建物があり回廊で本殿へつながっている。地元の報道関係者なのか、カメラを構えて照準合わせをしていた。

「お伊勢参らば　お多賀に参れ　お伊勢お多賀の子でござる」と、古くから歌われている多賀大社についてその心を聞いてみると「伊勢神宮には天照大神が祭られているのだが、ここの多賀大社には伊邪那岐神と伊邪那美神が祀られている」のだと記されたパンフレットを渡された。つまり、伊邪那岐神と伊邪那美神の子どもが天照大神なのだから、多賀の方がという思いがあるのだろう。

荘厳なたたずまいの大社を囲い包むようにして緑濃い山が迫っている。この一帯は鈴鹿山系の麓であり、地図を見ると大社の背後には霊仙山から流れている斧川があって、四季折々

荘厳な雰囲気の多賀大社

に美しく変わるのだと紹介されている。

　参拝してから正門を出ると、石を組み立てた太鼓橋がある。二、三本の丸太が縄で括りつけられているので上ってみようとして足をかけたのだが、年甲斐もなくという感覚がよぎったのでやめた。

　太鼓橋は橋桁も柱も石でできていて全体に古さを伝えている。まだ少し早い感じの菊花展を見ながら大門を潜って表の道路に出ると、数軒の土産屋が並んでいて女性店員たちの呼び込みの声とお餅や漬物の味見をする客で急に賑やかになった。

　ダイニック株式会社の文化活動の一貫として作られた「アストロパーク天究館」は、多賀から三重県に通じる国道三〇六号線沿いにあり、深い緑の山々に囲まれたところにある。口径六〇センチの反射望遠鏡があるので有名なのだが、ダイニック株式会社と聞くよりも天究館と聞いた方が即答を得られるほどこの町が誇らしく思っている施設である。

天究館を作ったお茶の水ロータリークラブの会長でもある坂部さんのお話しに耳を傾けてみよう。

「子どもの頃、夜空に輝く星を見るのが好きで宇宙の神秘に魅せられ、望遠鏡を買うためにアルバイトをして、当時のお金で五円もたくわえ、中古の望遠鏡を買ったのがはじまりでした。段々とエスカレートして天文台なみの本格的な施設へと発展していきました。ダイニック株式会社は京都市内で操業していましたが、新商品の開発が進んだのと業務の拡大で工場が狭くなり、環境保全の問題がとりあげられるようになったので公害企業として市外に転出する必要に迫られました。そんな時に、住友セメントが原料となる石を掘り出していた当地から転出する話と、多賀市長の誘致があり、熱心な斡旋に応じて取得することにしたものです」

無公害企業としての様々な機能をもった近代的な工場になっており、敷地の奥の方には八二五〇四平米の天文公園があり、全長一・五キロメートルの遊歩道を歩きながら、公園内

地元に愛されている天究館

にある八八の星座のレフリーフスタンドで星座の勉強ができるようになっている。そのほかに、グリーン倶楽部と呼ぶゴルフ場が配置されている。

望遠鏡の据えられた屋上に集まって月を見ることにした。写真などで天体望遠鏡の構造はわかっているつもりだったが、直に覗いて見るのははじめてのことである。あいにく、低気圧の影響で大方は晴れ渡っているのに、月が出ている辺りを雲がたなびきながら走っているので、雲の切れ目を待って覗くことになった。

上弦の月の何十分の一くらいなのか、あるいは何百分の一なのかはわからないが、月面のクレパスが日陰すらも鮮やかに写し出したのには感動した。

鈴鹿山脈に抱かれた永源

もみじと木地師の里として知られる永源寺町は、鈴鹿山脈を背景に流れる愛知川（音無川）を堰き止めた永源寺ダムの美しさで名高い。

愛知川と平行して国道が走っているので、昔からドライバーには評判の街道筋である。

目指す「永源寺」の山門前に着いた。さすがに名刹・臨済宗大本山・瑞石山・永源寺は、すでに何台かの観光バスが到着していて、参拝客もいるのに落ちついた風情があり重みを感じる。

愛知川にかかる橋の手前でバスを降りて、崖っ縁と愛知川との間に造られた参道を奥の方へ歩いていくと、土産を売っている小舎が崖に寄りかかるように何軒かが並んでいる。古ぼけた小舎の売り子にはお婆さんが多かったが、不思議にマッチした情景であった。

売店が切れたところから石段になっており、一段ずつかぞえたら一二〇段もあった。登りきった崖の中腹には崖の石に彫ったのか、石像を安置したものかはわからないけれど、一六羅漢の石仏が出迎えている。

十重二十重に頭上に伸びた紅葉の間から大きな二階建ての山門が見えてきた、楼上には釈迦・文殊・普賢の三尊像と十六羅漢像が安置されているとのことだったが、時間がなかったので見ることはできなかった。

山門を潜ると鐘楼の奥に方丈（本堂）がある。この方丈は法要を行なう道場だそうで、茅葺きの大屋根が柔らかさと暖かさを与えてくれる。茅葺きの屋根としては日本屈指のものだ。

この方丈に上がって、坊さんの説教を聞くことにした。

「当山は、今から六三六年も昔に守護職佐々木氏頼が伽藍を建てて、寂室元光禅師を招いて開山したものである。当時、この山中には五十六坊の末庵があって、二千余の修行僧がいたと伝えられている。本尊の世継観音や数多くの重要文化財寺宝を持っているのと、紅葉の一大名所としても有名である。現世の仏教は、祭壇や仏像と護摩たきなどの偶像崇拝になっているが、お釈迦さまの教えである慈悲と平等を説いている。人の心、胸のなかに慈し心を……」

永源寺には、仏像や祭壇など何もないのが特徴であるのかもしれない。

本堂に続いて法堂と禅堂が建っていて、中庭の奥にいくつもの祠があるが、真っ赤に燃えた紅葉に頬を染めながら写真を撮ったり、崖を這うように広がる紅葉に錦秋を楽しむ人が多かった。

愛知川は清流でしか生息しないイワナの宝庫だと聞いたので改めて川面を覗くと、透き

永源寺周辺の見事な紅葉

通った水が緑や紅葉を写していてすばらしく美しい。土産屋を覗いて歩くのも旅の醍醐味の一つであり、それぞれがお婆さん相手に土産品の品定めをはじめた。

「宇治は茶所、茶は政所」と唱われるように、この政所の茶は屈指の銘茶ではあるが、昨今ではボーダレス社会と言われるように、原料は静岡や九州方面からの移入品だ。

こんにゃくはまるで粘土の固まりのようで色つやといい、姿かたちといい、食欲をそそられるようなものではないが、永源寺こんにゃくは、禅僧の精進料理として数百年もの間、昔ながらの風味と歯ごたえが生き続けているのだという。

岩盤の隙間を縫うようにして育ったのだ

ろう、ひん曲がってデコボコの自然薯が興味を引いた。

愛知川にかかった旦度橋《たんどばし》を渡ったところの駐車場から比叡山に向かった。


永源寺町を横断している四二一号線を八日市へ向かって、快適なエンジン音を響かせながら走る車窓に移ろう風景が様々に変わるので飽きない。

バスガイドによれば「八日市の語源は四天王寺の屋根瓦を焼かせた職人たちを慰労するために、毎月八の日に市場を開いたのがはじまりで八日市という名が残った。この八日市街道は八方から風が吹き込むので、八風街道とも呼ばれている」そうである。

遠くに伊吹山が見えるが、伊吹山は雪が降ったので七号目辺りまで白くなっていた。「今年一番の雪が降ったけど、三度目には全山が雪に覆われる」とのことである。八日市ICから名神高速に乗り竜王町まで一気に走り抜けた。

四四七号線を近江八幡の方へ向かった途中、小高い雑木林の麓をえぐったような道端に、義経が元服した時の地と看板が立っていた。

平清盛が囲っていた彼女の家が水がなく不便だったので、彼女の住処まで運河を造ったと言われる運河が未だに活きているという、岐王町を通って守山市へ抜けた。田んぼの中の農道を、しかもその農道の中の抜け道を右に左に観光バスが行くのだから抜けた、という表現が適当と思われる。

琵琶湖に流れ込んでいる野州川の河口近くにかかった橋を渡って間もなく、びわ湖大橋に出た。沖合にヨットが一隻、白い帆を立てて青い水面に写していた。一隻だから美しいのかもしれなかったが、胸躍り心弾む風景だった。

びわ湖大橋は全長一三五〇メートルの橋である。私は昭和四〇年から約一〇年以上も堅田にある保養所で諸会議を主宰した経験があるので、びわ湖大橋は何度か渡ったことがある。ガイドさんに聞いてみると「最初の橋は昭和四九年にできたのが夢のかけ橋と言って、当時の金で一七億五〇〇〇万かかり、平成二年にまったく同じ仕様の橋を造った時には二七八億円かかっている」と話してくれた。

比叡山に天日が射して

びわ湖の奥の方になる堅田の町は関東では知られてはいないが、雄琴温泉の名は山の中腹にある温泉よりも、湖畔に展開するソープ街として有名になったところである。まったくの田舎だったが、湖西線ができてからは大阪のベッドタウンとして栄えた町である。発展ぶり

観光シーズンは大勢の人で賑わう比叡山

は往時に比べると雲泥の差であり、かつての面影はなかった。

堅田駅から比叡山へ登る道路がある。比叡山には野性の猿がたくさんおり、車から降りようものなら一斉に飛びかかってきてはポケットに手を突っ込んでくる。かわいいなんて思う間もなく、恐怖感に捕らわれ逃げまどうことになる。

下から眺めた時には比叡山を黒い雲が覆っていたので、雪か雨だろうと思っていたけれど、晴れ間ができて下界の眺望はすばらしく良好だった。

そう言えば、今回の旅行は不思議なくらいに天候に恵まれた行程であったと思う。見物をするためにバスを降りている時には雨が止み、バスに乗って移動すると激しい雨が降ったりした。

比叡山は折からの観光シーズンでもあり、山頂は大渋滞が予想されるので、根本中堂などの伽藍見学や詣での時間をカットして、山頂の展望台で休憩することになった。

下から吹き上げている風が冷たくて頬が気持ちがよい。眼下の遙かな先の山間に三千院と寂光院が折からの陽光に美しく映えている。その昔、雅びの殿たちが牛車に揺られながらお偲びで通ったロマン街道もひと筋光って見える。

京の都で

比叡山から京都の街へ降りて北大路を通り抜けて行くと、右手の山腹を大の字に切り開いた風景が見える。お盆に行なわれる大文字焼の場所である。バスは金閣寺から亀石通りを北上すること約一キロ、坂を登るに従って静寂な雅びな風情が忍び寄ってくる。

この鷹ケ峰のゆるやかな坂道は京都と丹波を結ぶ古くて狭い街道だが、森にはいっていくと鷹の峰、鷲ケ峰、天ケ峰、三山と麓の谷を流れている紙屋川の縁を通っている。目の覚めるような錦秋というには少し早いと思えるが、中には燃え立つような紅色に染まった紅葉が期待に応えてくれる。

「しょうざん」の大看板が現れた。現代風のものなので瞬間的に期待を裏切られた気がした。南門をはいっていくと、広大な庭園だが正面に現れた建物は近代的な結婚式場のようだったし、ショウザンボウル・ブライダルサロン・プールなどの看板が立っていたので、正直に言ってがっかりした。誰もが京都の由緒ある庭園ともなれば、古式ゆかしい建物のあるところとの先入観があるせいかもしれない。

それでも、違和感とは別にがまんしていたビールが飲めるぞという喜びで庭に飛び出したところ、私たちが昼食をする場所は南門から北庭へ通じる道筋にある湧泉閣とのことで再びバスに乗った。

料亭・湧泉閣は、どこぞの旧家を移築したような料亭の構えである。川面が意外に深くなった紙屋川の斜面に、生い繁った樹木に囲まれた静かなたたずまいが、優雅さを醸し出している。

昼食は会席弁当だったが、何よりも乾ききった喉に流したビールがうまい。差しつ差されつしながらの和やかな雰囲気で昼食がすすんだ。

庭を散策することにして表に出ると、三山の方からひんやりとした風が降りてきて頬をつたって通り過ぎる。いくぶんか上気した頬に心地よい。しょうざんの庭園は大きく北庭と南庭とに別れている、湧泉閣から紙屋川にかかった橋があり、渡ったところが南庭である。

南庭は料亭の千寿閣を中心にして山裾沿いに染織工芸の光悦ホール・御土居跡などがある。染織り工芸の展示販売店にはいっていくと、同行者がお気に入りの品を探し当てたのか、売り子と何やら折衝している最中だった。

私は荷物にならないようにと思って野草で染めた淡い色のハンカチを何枚か買った。順路に従って、西門を通り福徳門を潜ると北庭に出た。

北庭は景観ががらっと変り、何十年、いや何百年かの樹齢と思われる古木の切り株から数本ずつまっすぐに伸びた新しい杉の幹が、生きることのすばらしさを教えている。この地方の銘木である北山杉である。枯れた色の切り株を濃い緑の杉苔が囲っていて美しさを増幅している。

そこここに置いてある紀州石が庭園のアクセントになっていて、スケッチしたくなるような眺めである。そんな植え込みの中を縫うように水路があって、底の砂を浮きたたせ、透き通った水が流れているのがよい。水路の清流が静けさ、優雅さを感じさせてくれる。

ここで元に戻ればよかったのだが、せっかくの散策であり、順路に従って千寿閣の脇を通って奥へ進むと、建物も全体の雰囲気もさらに変わってしまった。

最初にまちがってはいったところは、近代的な建物がある一郭の裏側なのである。建物は結婚式場や中華料理の桜欄が店開きをしていたが、客はあまりいなかったようである。屋内のコンコースを通り抜けて表に出たら、いく人かの客がパラソルのついた庭のテーブルを囲んで談笑し、酒盛りならぬコーヒーブレイクを楽しんでいた。

第7部

なごみの国々、中国地方

出雲から鳥取へ（島根県〜鳥取県）

山陰には新幹線で岡山駅経由と上野駅からの夜行寝台列車で行く方法がある。昔は調布空港からのセスナ機が運行していたのだが、昨今は空港の近代化が進み、ジェット機が発着できるように開発されたので便利になった。

往復ともに飛行機による山陰旅行なので夫婦でのツアー参加を決め、二〇〇五年七月、久し振りに山陰路の旅行を楽しむことになった。羽田への集合時間にギリギリになったが、団体の旅行なので時間には余裕があった。

天候は曇りだが雨にはならなかった。それにしても、離陸して雲の中に機首を突っ込む時にはかなり揺れがあるものと覚悟していたのに、比較的に安定した上昇を続けたので緊張が解ける思いだった。

雲の上に飛び出して間もなく、左側の白い雲海に黒々とした富士山が美しい姿を聳えさせていた。まさに秀麗という言葉がぴったりの光景である。飛行機は名古屋上空を過ぎると、下降をはじめたような感じになった。

米子空港は出雲の玄関口である。かつては調布飛行場から単発のプロペラ機での飛行だったので、ローカル色の濃い空港だという思いが強かった。しかし、降りたった空港は全面的に建て直ししたのかもしれない。新築のように立派な空港であった。

水木しげるロード

空港からは観光バスに乗って境港町を尋ねた。当地出身の水木しげる氏が描いた漫画『ゲゲの鬼太郎』に登場する鬼太郎、ねずみ男など八〇体もの馴染みの妖怪たちが道路の歩道脇に立っているところから「水木しげるロード」と名付けられた。

鬼太郎と目玉のおやじ

町は全体が妖怪に占められ、生活用品の各種グッズ・徳利だけでなく、地酒や土産にも妖怪が跋扈《ばっこ》しているという徹底ぶりであった。

水木しげるロードの近くに境水道入り口があり、水道にかかった大橋のところにお台場公園がある。幕末に外国船の攻撃を防御するために構築された砲台場跡がある。木造六角建ての灯台（山陰最古）とともに国の史跡に指定されている。お台場公園には三五〇本の桜があり、夜はライトアップされてロマンチックな雰囲気に人々を包んでくれるそうである。

境水道は日本海と中海を結ぶ水道であり、中海からは大橋川で隣の宍戸湖につながっている。

大根島（中海）は玄武岩を基盤とした火山島であり、牡丹と朝鮮人参の栽培が盛んである。もっとも「朝鮮人参」とは言わないで「薬用人参」と言っているのだが、味も香りも朝鮮人参なのだ。

ここから韓国に大量の輸出が行なわれているそうだからまちがいない。その呼称の訳を聞くと「朝鮮人参は高価なものであり貴重品だったので、役所や悪人から守るためだった」ようである。加えて偽装のために「大根島」と言って〝カモフラージュ〟したのである。

島には車での往来が可能なので道路が施設されている。島にはいると畑の作並が見事である。膝こぶほどの高さの屋根がかけられているのが見える。外部から見えないようにしたものらしい。

島の中央部に由志園がある。約一万坪の庭園には、朝鮮人参のお茶を振る舞い、黒いとろりとしたエキスを販売しているコーナーと牡丹栽培のコーナーがある。ここの牡丹は年間を通して咲いているという見事な大輪の花であり、芳香を充満させて迎えてくれる。ご婦人たちは大輪に鼻を近づけて目を細めている。

庭園には小さいながらも瀧があり、池には緋鯉がたくさん泳いでいた。昼食は会席料理だったが、特別においしいとか珍しい食材を使っているとかではなかったが、女性たちたちはえらく感激していたようである。

皆生《かいけ》温泉と三保関《みほのせき》町

皆生温泉は明治三三年、漁師が海の中から湧き出している温泉を発見し、皆生の人たちが埋め立てて温泉街にしたのがはじまりであった。

海岸に面した皆生温泉の松風閣（宿泊先）には遅くにはいったため、町の散策はできなかったが、翌日の早朝にぶらりと散歩に出た。

最も大きなホテルに近寄ってみると、すでに倒産してしまい解体のさなかであった。ここにも深刻な過剰投資と不況の波が容赦なく押し寄せているようだ。全体的には、不況風が厳しく吹き荒れているように感じて寂しく思った。一時は、昭和天皇の行幸があった由緒ある土地柄であったのかもしれない。

昭和天皇御製（あまたなる　いか釣り舟の漁火は　夜のうなばらに　かがやきて見ゆ）

境水道は鳥取県と島根県の境界線が川の中央に引かれている、従ってこの辺りの観光には、鳥取と島根を行ったりきたりして順次見て行かねばならない。

鳥取県の境港から境水道大橋を渡って島根半島の美保関町に出る。半島に沿ってできている道路を七、八キロ行くと関の五本松があるらしいが、道路からは見えなかった。

その先には美保神社がある。美保神社は事代主命と三穂津姫命を祀った社であり、本田は比翼造り（美保造り）と言われるこの地方の独特な技法によるもので、大社造りを二棟並べて装束の間で繋いだものである。重要文化財としての風格を備えた社である。

正門前は湾の入り江になっていて、イカ釣りだろか照明灯をずらり吊るした船が係留されていた。門前の土産物屋ではイカやサザエの丸焼きや小魚の干物が売られていた。小魚は見るからに活きのよいつやをしていたので買ってきたのだが、まさしく極上品だった。

美保神社の近くの山頂には佛谷寺がある。後鳥羽上皇や後醍醐天皇が隠岐《おき》へ流される時に行在所となった寺で知られている。境内には「八百屋お七」の恋人、吉三の墓がある。

美保神社からさらに半島の突端に美保関灯台がある。中にははいれなかったが、最先端を地蔵埼と言い、鳥居越しに遥かな下の海を見ると、事代主命が釣りをしたという御前島が見える。今でも絶好の釣り場である。

入り口に立っている「美保之碕の由来」という看板によれば「島根半島の最東端に位置するこの岬は、古くから美保之碕と呼ばれていいます。出雲国風土記の国引きの伝説では、この美保之碕は北陸地方から、日御碕は朝鮮半島から引いてできたものと伝えられています。この鳥居の中央約四キロ先の海上に浮く島を〝沖之御前〟眼下に横たわっている島を〝地之御前〟と言い、ともに事代主神（美保神社の御祭神＝えびす様）の魚釣りの島とも伝えられています」と書かれている。

出雲大社

美保神社から戻って出雲大社に向かう途中、歌舞伎の源流と言われている阿国《おくに》（安土桃山

静かな雰囲気に包まれた、出雲大社

時代の女性芸能者）の墓がある。出雲大社の近くである。阿国を偲んで今でも歌舞伎役者の「おねり」が繰り広げられるという。言わば、歌舞伎界の聖地なのである。

間もなくして大社に着いた。周囲はウィークデーだったためだろうが、静かな雰囲気に包まれていた。

数年前にきた時に勤め先の車が二台駐車しているので驚いたことがあった。帰ってから所属営業所に聞いてみたら「能の舞台を搬送したのだ」という返事だった。

三笠宮ご夫妻の参観もあるというので野次馬を決め込んでいると、雨が降り出したので急遽、お神楽殿で上演することになったので見物をした。

今回は本殿の前に旧本殿の柱の跡が何か所か発掘されたというので、発掘された柱の跡、柱の堅牢さなどから出雲大社は昔は高さが四五メートルほどの櫓の上に本殿があったということが最近の分析でわかった。

すばらしき、足立美術館

足立美術館は安木《やすぎ》市にある。ここの出身者で実業家として成功し、財をなした足立全康氏が開館三五周年記念を迎え、日本美術院の作家をあまねく集めて「夏季特別展」を開催していた。

横山大観をはじめ、榊原紫峰、平山郁夫、菱田春草などの作品が訪れた人たちの足を釘づけにする。この美術館を作ったのは、先に述べたように地元出身の水飲み百姓だった足立全康氏であるが、足立氏は「庭園もまた一服の絵画である」と言って、一三〇〇坪からなる日本庭園、枯れ山水庭、白砂青松庭、苔、池などの広大な庭園を構築したのである。閑静な佇まいは館内の絵画とともに心を癒している。

さらには、庭園全体の景観を大事にするために、周囲の山間に民家を建てることや、開発計画があるというと土地ごとそっくり買い取ってきたらしく、見渡す限り緑濃い山々が背景を描き、すばらしい自然美に包まれた館になっている。枯れ山水、滝、枝振りの見事な松の木、美しい庭園は将棋に座って眺めていると時の経つのを忘れさせてくれる。

庭に面した壁を切り抜いたところが二か所あった。まるで生きた額縁の絵である。切り抜いた壁の枠が黒い縁取りとなって、向こうに展開する庭園の風景を鮮やかに描いて見せるのである。

館内の一角にあった茶所でひと休みし、コーヒーを頂いた。いつもは特においしいと思わなかったコーヒーだが、なぜだか風味豊かさを感じたものである。スプーンの代わりに出された竹炭のマドラーがおいしさを倍加させているのかもしれないし、環境がそのように誘導したのであろうと後で思った次第である。竹のスプーンを数本買い求めたが、我が家ではいささか気分が乗らないので味も出てこない気がしている。

表に出ると、ドジョウの看板が目についた。そうだ、安木にきたのだからドジョウを食べないと、と思い店に寄ってみたら、ドジョウは佃煮になっていた。ドジョウの佃煮ははじめてのことだったので、考える間もなく地酒がなければドジョウを食べられないと考えセットで買い求めた。安木節の里のドジョウを賞味しながら、一人でこっそりと美味しく酒を呑みながらの旅を楽しんだものだった。

ドジョウの看板がいくつかあったので、ドジョウすくいの本場である安木（地元では〝やすぎ〟と発言する）なのにドジョウが少ないらしい。理由は農薬などで獲れなくなってしまったのだろうか。聞いてみたら「そうなんです、だからドジョウが昔のように獲れるように対策を講じているんです」との返事だった。

生きたドジョウを目の前で調理してくれる日がくることを期待した。

玉造温泉の安木節

玉造温泉は松江市に近い。宍道湖《じんじこ》を見ながら出雲から上り列車で松江駅の手前に玉造温泉駅がある。道路が平行して通っているので、玉造温泉への大きな看板が正面から飛び込んでくる。玉湯川を渡って山間にはいって間もなくすると温泉街の入り口に到着する。川を挟んで両側に建ち並ぶホテル街は、皆生温泉よりもはるかに活気があるようだし客も多いようである。

玉造温泉は一三〇〇年もの歴史を持つ山陰きっての名湯である。泉質は胃腸病や皮膚病、夫人病に効き目があり、肌がすべすべしていつまでも温もりの余韻が残るのだと言われている。

温泉街にはいってすぐにある「こんや別館」が我々のバスを総出で出迎えてくれた。振袖を着た乙女、若い女子たちの活き活きとした笑顔が疲れきった気分を癒やしてくれてうれしい。

部屋も広いし、行き届いた雰囲気を感じさせてくれた。最近の旅館にしろホテルにしても、冷蔵庫は持ち込みを受けいれるために空っぽである。堂々と持込ができるので好みをキープできるので助かる。

浴場は三か所あり、いずれも広い露天風呂が隣接していて誠にご機嫌である。紹介した玉造温泉の効能の通りに無色透明で、かすかに匂いがあり、肌がすべすべするすばらしい温泉である。夕食や朝食のメニューも相当だった。年寄りには過ぎているような気がしたが、お酒を飲みながら結構食べつくしてしまった。

温泉街の少し奥の河原で安木節のショーが行なわれるというので出かけた。川の中棚にできた舞台正面の道路に腰を下ろして見物をしたのだが、プロの踊りはさすがに嫌味がなく楽しいものであった。

観客に「手ほどきをするから参加してくれ」というアナウンスがあった、家内が一緒でなければ応募したところだが、後々まで何と言われるかわからないと思って遠慮した。

男性二人と奥さん風の人が一人、それに一〇歳くらいの娘さんが応募していた。娘さんが勝ち残って表彰された。徳島県からきたのだと言う。さすがは阿波踊りの本場、踊りにかけては基礎ができているんだろうと思った。

部屋にはいるのには早すぎる時間なので「二次会のクラブ」を聞いてみたら「テーブルチャージはとらないがカラオケは一曲二〇〇円」でできるとのことなので、顔見知りになったおばさんを誘ってクラブにはいった。

すでに五人くらいのグループがカラオケを歌っていた。食事時に一杯呑んではいたが、呑み直しを焼酎のロックで頂き、勢いを得てカラオケを楽しんだ。テーブルチャージなしの飲酒とカラオケだったので料金は格安だった。

翌日は最終日で鳥取県に行った。

あいにくの曇り空で時折り雨が降る中を米子自動車道を鳥取に向かった。途中で蒜山《ひるぜん》高原に立ち寄って休憩となった。水がうまく、牛乳が濃くて、乾いた喉には、ビールよりもうまかったのを覚えている。蒜山ＩＣから再び米子自動車道にはいり、鳥取市からは日本海岸に沿って造られた道路を北上して浦富海岸に到着した。浦富はリアス式海岸であり、遠浅なの

最近は発展が進んでいる、鳥取砂丘

で海水浴場として有名だし、山陰の松島と言われる景勝地でもある。

岩本から遊覧船で奇岩の並ぶ公園に行った。昨年のツアーで見物した陸中海岸のリアス式海岸や浄土ヶ浜の奇岩の並びよりも、奇岩群としての規模も風景も立派だと思った。

鳥取大砂丘

昔はもっと雄大だったと思っていたが、手前の丘には観光センターができていて、鳥取の物産展のようである。隣からケーブルカーが出ていて砂丘の麓まで行ける。立派な道路ができてしまい、当然のように商店街が並び、風景は一変していた。

駅は砂丘の手前の小高い砂丘の上に建って

いて、見渡すと松林になっており、正面に大砂丘がある。何ともイメージダウンも甚だしい。どこの観光地も自動車が乗り込み、お店が増えていくので自然が損なわれてしまうものだが、寂しい思いに駆られる。

砂丘を登って日本海の大海原を眺めながら、近代化ということは自然の破壊なのだとしみじみ感じさせられたものである。

第8部

大人の冒険、九州・沖縄

近代化と伝統が融合する場所（福岡県）

福岡空港で出迎えのバスに乗り込み、大宰府に向けて出発した。九州縦貫自動車道は早朝のピーク時だったのにも関わらず、案外すいていた。福岡から長崎方面に下って行き、鳥栖JCTで大分自動車道にはいると、周囲の景観が大きく変わったように思えた。

筑後川に沿ったこの辺りの気候が果物の生産に適しているらしく、りんごや梨の畑が多くなり、驚いたのは柿の木の樹園が多いことであった。果樹園の実り具合を眺めながら気分よくドライブを楽しんだ。大宰府ICを出て大宰府市内にはいると、何度か訪れた際の記憶が一変していることに驚いた。

今日では全国つつうら、当たり前のことなのだが、千年余の歴史を持つ天下に名高い大宰府の周りも近代都市化が進んでいたのである。

大宰府駅が町を十文字に切り裂いた大通りの角に豪奢な建物となって据えられ、参道には名物の梅ヶ枝餅《うめがえ》を実演しながら商う店が並び観光客を呼び込んでいる。

九〇三年にこの地に流されてきた菅原道真公が亡くなったのを悼み祀ったものである。道真公は若くして〝文章博士〟となり、右大臣に異例の昇進をしたので、藤原氏の反発を招き藤原時平の讒言《さんげん》によって失脚させられ都を追われて幽閉されたのである。五五歳で左遷され、わずか一八年後に亡くなった。死後、都への帰還を許られたが、愛弟子や道真公を慕い敬っていた庶民たちの働きで、当地に社を建てたのが天満宮のはじまりだと聞いている。

天満宮（天神さま）は誰もが知っているように学問の神様である。学生たちの参拝が多いのだが、修学旅行の生徒たちが団体を組んで何組も何組も本殿に向かっていた。ちなみにこのおみくじには、大凶や凶を少なくしてあるそうであり、夢多き若者へのサービスがあるとのことである。微笑ましいことだ。

大宰府に一〇月一六日に東京・京都・奈良に次ぐ四番目の国立博物館として、九州国立博物館が開設の運びとなるとのことで、準備に大変なようである。

千年も経つと境内の杜、数十本もの大樟が清々しい香りで包み、天満宮の荘厳な雰囲気を漂わせる。裏手にある公園の大きなお店で食事をした。

ところで、天満宮にみられる「宮」の称号は、天皇家縁のあるところしかつけられていないのである。天皇家以外では三者のみが許されているようで「大宰府天満宮」「日光東照宮」と名古屋の「熱田神宮」なのだとか。

活気があふれる、大宰府

大宰府ゴルフ倶楽部は、大宰府から筑後川の方に向かった途中の小高い丘の上に、石穴神社脇にある。ハウスから望むゴルフ場はすばらしいパノラマである。何度か選手権プレーが行なわれたので知る人ぞ知るゴルフ場である。また、筑紫の大宰府と言えば京都や奈良に並ぶ歴史の古里なのである。

東風吹かば
　にほいおこせよ　梅の花
　　あるじなしとて　春な忘れそ

この和歌は、道真公が都から大宰府に向けて出発する日に詠んだもので大変有名だ。万葉集にも数多くの歌が載っている。このゴルフ場には万葉古今連歌が各コースに表示されていて、先人の愛した古里に思いを馳せることができるのである。プレーを楽しみながら別の楽しみとして心が癒される。

旧藩柳川藩主立花邸「御花」

九州の各地も概ね歩き回ったが、ドンコ舟で知られた柳川市には行ったことがなかったので、柳川観光をすることには文句なしに大賛成をした。大宰府から柳川までは約一時間の道のりである。途中には家具屋の多い町があったりして、筑後平野と有明海を結ぶラインのドライブを楽しんだ。

柳川市に近づくと堀川が目立ちはじめ、お城を囲い込むお堀としての役割と、縦横に張り巡らされた運河として開発された様子が伺える。柳川藩主だった立花氏の城址は周囲をお堀で守られているが、その全長は実に五〇キロを超えるようである。

立花一二万石の一七代目の屋敷（御花）は「花畑」の地名からつけられた。旧建物が残されており、立花家に伝わる宝物の展示室もあり、レストランで食事をした後には誰でも閲覧できるようになっている。

ここの名物はウナギ蒸篭《せいろ》である。ご飯をうなぎの煮汁で蒸したものであり、柳川独特の調理方法と言える。香りと味がご飯に滲み込んでとてもうまい。量が多めだったが平らげてしまった。さらに、地酒がウナギによく合うので三本も飲んでしまった。

食事が終わってから船乗りを体験することにした。船乗り場の方に歩くと三柱《みはしら》神社の山門前に出た。神社の広さは一八五三二坪もあり、お花屋敷に続いての広大な地域が残されている。大きな欄干橋の奥に銅の巨大な鳥居が聳えていた。自然に頭の下がる思いになった。

柳川と言えば、北原白秋を思い出す。幼少の頃に過ごした柳川の風土や環境に育まれた白秋、その詩集を思いうかべながらドンコ船に乗ると風情が一段と身近に思えて心がうきうきとしてくる。

船の回廊筋には北原白秋の生まれた家があり、今では「遺品や思い出の原稿などが陳列された記念館になっている。時間があればゆっくりと白秋の詩に自分を置きかえたいと思う。

お堀端には民家が並んでいる。しだれ柳や花壇があり、川くだりを和ませている。黄色と白の曼寿沙華が視線を釘づけにする。真っ白い羽を水面に映し出して休息をしている白鷺が美しく、川辺にある切り株には亀が憩の場として佇んでいる。ここの水は表面的には濁っているように見えるのだが、川底が柔らかなのでそのように見えるらしく、船頭がコップに汲んだ水は透明で綺麗であった。

船上で流れる時間はとてもゆったりしていて贅沢

船頭の話しでは「昔から結婚式があると、お堀端にある式場で挙式する慣わしがあり、新郎は舳先に乗り披露宴の会場の寺に行く」のだそうである。今でも寺の伽藍と思える大きな屋根が見える。船頭が「祝い舟」を唄ってくれた。静かに流れる船の上で聞いていると旅情を掻き立ててくれる。

筑後川の温泉と泰泉閣《たいせんかく》

筑後川の流域には五大温泉地がある。宝泉寺温泉・天ヶ瀬温泉・日田温泉・筑後川温泉と原鶴温泉である。中でも原鶴温泉は九州屈指の温泉として名高く、福岡の奥座敷とも言われている名湯である。

泰泉閣は筑後川を眼下に望める位置にあ

り、筑後川の鵜飼を屋形船で楽しめる風向明媚なところだ。

私たちが泊まった部屋は幸いにも昭和天皇が宿泊した部屋（三四五二室）になった。畳の間が二部屋ほどもあり、広々とした居間、奥にツインベッドの洋間がある。そして両部屋共通の洗面所と内風呂がある。浴室は総檜造りで浴槽も檜造りだ。悠に六、七人ははいれそうな大きさである。今まで宿泊した部屋について特段記したことはなかったが、今回のことは特種なので記すことにした。

筑後川地方には古くから河童にまつわる伝説があり、泰泉閣も至るところに河童の彫り物や絵画、置物がある。大浴場には河童大王を中心に老若男女の河童が並んでいる。不思議なことに、気分的にのびのびと湯浴みを楽しめる。

一か月後にも宿泊したのだが、ジャングル風呂にはいれたのでほとんどの風呂をはいったことになった。夜のコンパニオンが覚えていて楽しさが倍加したことも想い出の一つになった。

筑後川流域の杷木《はき》ＩＣを降りると、正面が丁字路になっていて「柿狩り」という大看板がある。道筋には柿の売店が多いし割り安であった。

土蔵が多い町並みの吉井町は白壁通りを抜けて、河童を模った駅舎を左に見ながら田主丸の「紅乙女」焼酎工場を訪問した。

焼酎の主原料は麦と米、サツマイモがあげられるが、ゴマからも作られている。福岡は焼酎の産地として多くの銘柄が全国的に知られている。しかし、清酒の町でもあり、日本酒も一五〇もの銘柄を生み出している。

紅乙女はゴマを原料にしている。ご承知のように、日本ではゴマの生産は〇・一パーセントしか生産されなくなっているので、中国から輸入していると聞いた。試飲室で各種の利き酒をしたが、香りよく爽やかな味わいのものは倍近い値段であった。

秋月城のロマン

甘木市は埼玉県の川越市に似た趣を残しており、昔からの街並みを残していた。

秋月山の麓にある秋月城址を見学することにした。途中で眼鏡橋（文化財）を見たが、清流には大きな魚が生息していた。広久葛本店を通り越した先の駐車場に車を置き、杉の馬場通りを散策しながら、秋月藩の城址に向かった。城址に沿って黒門茶屋などが続き、昔日の面影を今に伝えている。奥の階段を上がると黒門が重々しい構えで建っていた。名物の「なし狩り」も新水～幸水～豊水～廿世紀～新高～新雪～晩三吉と、七月から一一月まで続くようである。

秋月城を攻めた豊臣秀吉の軍勢は、秋月山にも一夜城を築いて無血の和睦に追い込んだという伝記がある。一夜城と言っても、映画のセット同様に表面だけの城だったという。どこその廃城を持ってきて驚かせたものらしいが、中々頭の切れる武将だったと言える。この辺りは、野菜や果物が安いのだが持ち帰るのに手間なので、くずきりを混入したうどんを買うことにした。

別府の地獄湯巡り

甘木ICから大分自動車道を一気に下って、別府駅に近い亀の井ホテルに向かった。別府ICを降りると、温泉地獄が連なっているのでチェックイン前に見物をした。

山地獄・鬼石坊主地獄・海地獄・血の池地獄・竜巻地獄（間欠泉）・白池地獄・鬼山地獄・かまど地獄などを巡った。いずれの温泉地獄もその名に相応しい趣きがあり、勉強になったり、目の保養になった。

亀の井ホテルには過去三回も宿泊をしているので勝手知ったるホテルである。旅装を解いてから、生け簀の料理屋・平家で宴会をした。ここも何回か食事をしたところであるが、時

春の湯布岳

代とともに大衆化したようである。コンパニオンを自分で頼んでもよいし、適正価格になっているので安心できる。

　それから偶然だったのだが、夜の一〇時頃に住まいの近くに住む知人に会った。案内されて別府にあるクラブで午前二時までカラオケに現《うつつ》を抜かしながら、赤ワイン二本とウイスキーボトル一本を飲んだ。最もウイスキーはほとんどを残してしまい知人に預けてきたが、勘定は二万円ぽっきりだった。

　翌日は湯布院の町を散策した。三〇年前に会社の仲間ときた時以来、七回目の旅行になったが、最初は博多から国鉄を利用したと覚えている。以降は大分空港から別府や九重高原などに立ち寄った。以前は湯布院全体が素朴で瀟洒な趣きの雰囲気が充満し、旅館もすばらしい癒しがあったので、すっかり虜になってしまった。

しかし、別府から細い山道を走って由布岳を越えて眼下に広がる由布院の光景を見た時の感動はなくなってしまった。高速道路から湯布院にはいるルートになってから、全体的に風情がなくなってしまい、温泉場も近代的な装いになったり、観光客が押し寄せてくるので情緒を失ってしまった感がある。特に韓国や台湾、中国などの観光客が目立って多くなっているので、癒しの温泉地らしからぬ傾向だと思った。

民芸村から金燐湖《きんりんこ》へ向けて散策をしたのだが、浴衣姿で行けなかったので気分が乗らず、よけいに心残りな訪問に終わった。

誕生月の旅（宮崎県・鹿児島県）

昨年末に、近畿ツーリストから「一二月に誕生日を迎えるあなたに――南九州一度きりの思い出」と、銘打った企画のパンフレットが届いた。売り文句としてはシーガイアに泊まって、指宿《いぶすき》の砂風呂と鹿児島焼酎工房で試飲会とあった。

日南海岸めぐり、青島海岸、堀切峠、鵜戸《うど》神宮を経て桜島周遊・桜島港から鹿児島港まで志布志湾フェリーで渡り、指宿温泉で天然の砂蒸風呂にはいる。長崎鼻・開聞岳・池田湖・知覧・GEN（焼酎工場）見学のコースなので、私の場合は全体的に何回目かの旅行になるのだが、〝鹿児島の焼酎工房を見学し試飲ができる〟ということの魅力に負けたのだった。

私の誕生日は二月三日である。取引先の常務と誕生日が同じだったことから、何年もの間〝二人の誕生会〟を催してくれていた。そのためか、我が家では誕生日の贈りものを子どもたちからもらうだけの慣わしだった。そこで、妻の誕生日が一月二八日なので、はじめての夫婦の誕生会にしようと思い参加したのであった。

出発の時期が二月末ということもあって、修学旅行や格安ツアーなどの団体客で待合所は満席になっていた。隣のコーナーにある札幌空港行きなどでは急ぎでない旅行者に対して「次の便に変更してくれたら謝礼一万円を支払う」とアナウンスが繰り返されていた。最近話題となったオーバーブッキングというものだ。

私たちが搭乗する宮崎行きも満員だった、前の週に南紀白浜に行った時には、三割ほどの搭乗率だったので〝世情の反映なんだなーっ〟と妙に納得したものだった。やはり地域やコース、宿舎によってちがうものだと思った。それに、団体客の多さにも驚かされたが、私たちの団体は少なめだったので、旅費が高過ぎたのではないだろうかと思ったりもしたのだが、金持ちらしいお年寄りが多かったのを見て、若干はレベルが高いクラスなんだろうと自分に納得させた。

宮崎便は定刻に羽田を立った。どこまでも晴れわたった機外の様子は、まるで五月晴である。快晴に恵まれての旅立ちは喜びがひとしおである。窓から差し込む陽が目にまぶしく、帽子を忘れてきたことが悔やまれた。

宮崎空港に到着してロビーに集まった人たちを数えると、ツアーに参加したのは一一世帯、計二二名であることがわかった。

宮崎観光の若くて美人のガイドさんが旗を掲げて出迎えてくれた。早速バスに乗り込んで出発である。日南海岸の風景は南国のように明るくて、椰子の並木や環境美化条例を施行している行政の恩恵によるものなのかもしれないが、美しい環境を維持している。一巡してみると南国を旅しているような思いに気分を高ぶらせてくれる。

ヤシの木が出迎えてくれるだけでも気分が高揚する

巨人軍キャンプ場の人だかり

飛行場からは地元の宮崎観光のバスに乗り、宮崎海岸を鵜戸神宮まで移動した。途中で「巨人軍の二軍選手が投宿しているホテル」だと説明があった。たくさんの自家用車を止めたグランドが見えた。近くの一軍選手が泊まっているというホテルも紹介されたのであるが、一軍用のホテルは外観もワンランク上に思えるほどだった。

青島の海岸を背にして立っている、パームガーデンホテルで昼食となった。多くの客は中華料理を注文していた。

私はみなさんと別れて別の階にあるレストランで軽い昼食の方を選んだ。向かいにういろうを売っている小さな店があったので覗いてみると、年寄り夫婦が手作りで商うものだった。ういろうは名古屋の名物という認識であったため、移住者かと思って聞いて見ると地元出身だというので買ってみた。名古屋のういろうとちがって柔らかくてねばっこいが、案外うまかった。食事を済ませてから、鵜戸神宮に向けて出発した。

バスガイドが背丈のスラーッとした美人で、感じがよく気にいった。ガイドが身の上話をはじめたのだが嫌らしさも鬱陶しさもなく、乗客が自然と耳を傾けるのは夫々に関心が強かったせいであろう。

「私は先月に成人式をやってもらいました。熊本の辺鄙な山奥で生まれたので、成人式などとてもやってもらえません。村の小学校には生徒は数人しかおりませんでした。成人式は会社の本社がある市で行なってくれたのです」

話し上手な姿は特に魅力的だ。

「水のみ百姓の両親が畑仕事をしながら私たちを育ててくれたのですが、両親が畑に行っている時には、学校から帰ると弟や妹の世話をしていました。大変だったのですが、苦労だと思ったことはありませんでした」

こんな調子で、少女時代に長女として兄弟の面倒を見てきたこと、弟の就職が決まったので大阪の会社に親代わりとなって行ってきたこと、大都会のすさまじい活況に驚いたなどこと。生い立ちをさりげなく話してくれたのだが、客の耳目を集中させていた彼女の話しに、いたく感心したものであった。

バスは鵜戸神宮を目指して海岸線を走っていた。海は長閑さを凪いだ水面に表して心を癒してくれたし、バスからも水底が透けて見えるような美しさがあった。

この地では、鵜戸神宮にお参りに行く時には馬に乗っていく習わしがあったらしく、その時に歌われる歌をガイドが披露するというので、ガイドのリードで〝ハラセ〟と〝アーコンキコンキ〟という囃子言葉を数回習ってから合唱して楽しんだ。

しゃんしゃん馬道中唄

一、　鵜戸さん参りは　春三月よ
　　参る　ハラセ
　参るその日が御縁日
　　アーコンキ　コンキ

二、行こうか参ろうか　七坂超えて

鵜戸の　ハラセ
鵜戸の神社は結び神
アーコンキ　コンキ

鵜戸神宮は、日向市のなだらかな海岸線が断崖絶壁になっている辺りになると近くにきたという感じになるところだ。岸壁と岸壁を結ぶように開けた海岸線の先に大きな鳥居があるのに気づいた。

昔はこの鳥居を潜って海岸沿いの道を上ったらしいのだが、今では立派な道路ができている。その道を遮るようにそそり立つ山の中腹ほどから山を登るようにできた道にはいっていくと、広場があり駐車場になっている。岩屋を削って造ったものである。

奥に伸びている道の脇に土産物屋があって、キンカン、ポンカンやサツマイモなどを商っていた。畑からもいできたばかりの旬のものだという。安いし新鮮だしお買い得だというのだが、旅のはじまりなので試食だけを楽しんだ。

道を抜けて階段を降りると、大きな土産物屋が二、三軒並んでいる広場に出る。正面には

鵜戸神宮は、すぐ近くが断崖絶壁になっている

柵越しに青々とした海原が広がっていて、何とも表現の方法を思い出せないほどである。

　さらに進むと、神武天皇を奉った祠、本堂があり正面には大鳥居がある。鳥居の先にある太鼓橋を渡り階段を降りていくと、大きな岩屋があり、岩屋に覆われたような中に、朱の柱が何本か見える。

　お宮を回って後ろ側にいくと、お宮を覆っている岩石は乳房に似ているところから〝乳アメ〟を創り出して縁起物としたようである。

　お宮の手前には手摺とも欄干とも言える防護柵があり、大勢の観光客が歓声を上げていた。

　海岸からニョキニョキッという感じで突き出ている岩の一つに、〆縄が鉢巻のように被せてあり、その中が窪んでいて水が溜まっている。その穴に札所で売っている運玉を投げていれるのである。

なかなかはいらないからこそ、はいった時の喜びは格別のようである。一皿五個ほどしかないのだから確率は低いが、売れ行きは上々である。上手いことを考えたものである。

帰りがけに駐車場に出ていた露店に立ち寄り、売り子のおばさんを相手にキンカンを頬ばってみた。新鮮だからうまい。口に放りこんで噛むとじわっと果汁が広がり、皮が薄いので丸ごと食べても気にならない。ひと袋買い求めて、ついでにもうひと粒もらい口に放り込んだ。旅先での楽しみな衝動買いである。

鬼の洗濯岩

青島市は巨人軍のキャンプ地として知られているが、鬼の洗濯板で有名である。その奇岩の広がる海岸に作られた道を歩いて小さな橋を渡ると、こんもりとした森があり、青島神社の鳥居がある。

鳥居を潜るとあまり広くはないが、境内がありお宮が祭られている。辺りのこんもりとした森には、珍しい南方系の樹木が生い茂っている。永年にわたって流れ着いた樹の実が芽を

まさに鬼の洗濯板という感じがする

出し育ったものらしい。その樹の幹に無数の小銭が差し込んであるのだが、その小銭を包み込むように樹皮が被っているので取り出せないのである。

神宮を参拝してから境内にある門を覗くと、小さいが奥の宮がある。今まで青島神社には二、三回きたことがあるのに、この奥の宮に詣でるのははじめてのことであった。

帰り道、道端に露天商が粗末な板を並べて、土産物や軽石で作った植木鉢などを売っていたので立ち寄ってみた。何の種かは聞き漏らしたが、ハマユウの実に似た種も売っていた。

シーガイアホテルの夜

一〇年前、宮崎県が第三セクターとして建設したシーガイアホテルにはオープン当時に宿泊をした。

ゴルフ場もホテルと海岸線の間に広がる松林の中に二か所と、町はずれの山の上にあったので安い山の方でゴルフを遊んだことがある。

私はホテルが異常なくらいに豪華であり、贅沢な空間が多かったので「採算割れまちがいなし」と直感した。関係者との懇談の時に、経営破綻の恐れがありやしないかと予言したことがあった。

案の定、予感は的中して数年後に破産してしまったのである。今では外資の餌食にされてアメリカのシェラトン・グランデオーシャンリゾートとして経営が続けられているのである。

当時は、隣接した屋内プールで水中レビューが行なわれていた。噴水が七色の照明に写し出されて鮮やかだったし、虹が天井に弧を描いて水中の踊りに花を添えていた。プールを横一文字に横断して水しぶきを撒きながら噴水が吹き上がった。それだけでも圧巻だったのに、そこに映画が写し出されたので驚いて歓声をあげたり、感嘆の声を出していたものである。

現在、プールは営業していないようだったのでがっかりした。ホテルに戻って部屋から海を眺めていると、昔と変わらぬ海岸線の風景に時が経つのを忘れて眺めていた。

真下にはゴルフ場の緑濃いホールが松の木の間に広がっていて、リゾート気分を満足させてくれる。ゴルフ場に沿って一直線に伸びた海岸線には真っ青な海原が広がり、水平線が緩

ロマンチックにふさわしい宮崎の海辺

やかに弧を描いている。白波がまったく凪いだ海の沖合いから海岸に向けて同じくらいの間隔を置いて、白い帯のようになって打ち寄せている。コバルトブルーの海をさらに美しくして見立てさせてくれる。いつまで眺めていても飽きない光景だ。

夜の戸張が下りると遥かに灯りが灯り、ゴルフ場は漆黒の野原となって電灯の明かりが霞んでロマンチックである。

夕食は好みの料理を頼んで食べてよいシステムであった。イタリア料理を頼むご夫婦、フランス料理にする夫婦など様々だったが、私も家内も一階の日本料理にした。

日本料理も色々なコースがあったが、一杯飲むのには〝関サバの刺身〟が最高だろうと思った。刺身の味が最高だったので、懐石料理にしてよかったと満足した。実は和食を選んだのには、地元の焼酎を飲むのが狙いだったからでもある。焼酎は一〇〇種類も用意されていて、一〇〇〇円・五銘柄のテスティングセットがあり、好みの銘柄を選ぶことができるのがうれしかった。

家内はアルコールは一滴も飲めないので、「いつまでも呑んでいる私を相手にしているのがつまらないだろうなぁー」と思いながらも杯を放さなかった。気が引けたので夕食が終わってから四二階にあるスカイレストランに連れて行った。窓際を選んで雲間に見える仄かな朧月に目を細め、岸辺にたゆたう夜の海原を眺めながらワインを飲んでいると、バンド演奏がボリュームを落とした。すると、歌姫が「荻野さまの誕生祝い」をすると紹介したのである。そして、バイオリンを弾く者を先頭に「ハッピーバースデー」を歌いながらケーキを持ってきたので驚いた。お客さんたちの拍手にはにかみながらみなさんに会釈した。ホテル側で誕生月を迎えた宿泊客をチェックしていたのである。すっかりよい気分でワインのフルボトルを飲み干してから部屋に戻った。

流石に五ツ星クラスの施設だけにバスルーム内にあるシャワールームもすばらしかった。源泉ではないが快適な入浴ができたし、快眠をむさぼることができた。翌朝はベッドにはいったまま、水平線を赤く染めながら昇ってくる太陽の神秘に長い時間を陶酔していた。

バイキングは品数が多すぎて選ぶのに苦労だったが、その日は長時間のバス旅なので他の客に迷惑とならないように控えめの食事にした。


翌日、桜島を経由して指宿までの移動となった。途中、都城に近くなった山間の街道筋に三万本のバラが咲くというバラ園・ブルーミングがあるので立ち寄ることになった。施設そのものは作られて間もないのか、山野を切り開いたばかりと思えるところに、何棟ものビニールハウスがある。

事務所からハウスに一歩足を踏み入れると赤、ピンク、黄、白色など美しいバラの花が柔らかい花びらを震わせながら迎えてくれる。そして何とも言えないすてきな香りが私たちを甘く包み込んでしまい夢の園へと誘ってくれる。

三万本のバラが植えられている温室である。向かい側ではマンゴーの栽培もしていたが試食にはありつけなかった。

バラの花を選んでお得意先の奥様に託送をしたのだが、帰宅した日に「今、届けてくれた」と、弾んだ声でお礼の電話があった。バラの花と香りがお宅まで届けられたので大喜びだっ

3万本のバラがウリのバラ園・ブルーミング

たようである。私も気分のよい夜を過ごすことができた。

黒酢の里

桜島の裾野辺りには、黒い瓶が整然と並んだ囲いがいくつか見られた。醸造会社の看板が黒酢の熟成を待っているんだということを悟らせる。黒酢の壺はポンカンの畑の中に置かれていたので、黒い壺に黄色いポンカンの実が映えていた。

桜島は元々島だったのだが、一九四一（大正三）年の大噴火で大隅半島と陸続きになったのである。だから、鹿児島市側へはフェリーでの連絡となるのである。

桜島の展望台へ寄ってみると、いくつか記

念のポジションがあるが、三メートルもある鳥居が火山灰に埋もれて上の部分を約一メートルほど残しているのを見ると、噴火のすごさを実感させられた。噴煙を噴き上げている山をバックにして記念撮影をした。

駐車場になっている広場には土産物店があり、店先に大きな桜島大根が置いてあった。三〇キロほどだろうか、生の大根は持って帰れないし、宅急便でも鮮度の不安があったので、干し大根と漬物を購入した。

バスが公園からフェリー埠頭の方に向かって間もなく、古里の温泉宿が現れた。千人は泊まれるという観光ホテルの前を通った時、九州の一人旅をした時のできごとを思い出した。

一九七〇（昭和四五）年の梅雨時だったが、九州を一人で旅した。

鹿児島市の埠頭から観光バスに乗って訪れたのである。バスの窓越しに見ていると、予約をしておいた観光ホテルは五、六階建ての大きなビルだった。ホテルの前に二人のお年寄りが日向ぼっこをしていたのを見て「今夜はこのホテルに泊まるんだ」という思いの方が強かったので気にならなかった。奥の観光ゾーンを回ってホテルの玄関をはいろうとしたら、何と日向ぼっこをしていたお年寄りが立ち上がって迎えてくれたのである。そして部屋に案内してくれた。

ロビーも土産物コーナーも布を被せて休業だし、廊下もがらんとしていて、人の気配がなかった。

「お客さん、今日はお客さんがお一人なんですよ」と言われたのでびっくりした。昔のことだから、シーズンオフともなれば観光客などはいなくなってしまう。それにしても不安になってきた。

「千人も泊まれるホテルにたったの一人っきりかぁ?」一人で呟いたがいささかうんざりした。

一六畳もある大広間での夕食には、両脇と正面にお年寄りが座って接待してくれたのはよいが、酌婦も芸者も今時は一人もいないと言う。「アンマを頼む」と言えば、鹿児島からくるので無理と言う。

聞けば前に座っている方が七五歳で、両脇に座っている方が六〇歳だと言う。

「お客さん、もう二週間もこんな状態で収入がないんです。こちらの人にお情けをかけてよう、頼みますょ」と口説かれた。

私がまだ四〇代の頃だったため、いくら口説かれてもその気にはなれなかった。困り果て

悠然と聳え立つ桜島

てしまったが、バーを開けてもらって深夜までお付き合いをして逃げることができたが、チップを含めて予定外の出費であった。

波打ち際にあるという野天風呂にもはいれずに、暗く深閑としたビルの深夜に薄気味の悪い泊りを体験したのである。ホテルを後にした時の欲求不満は爆発寸前だった。昔のできごとを思い出して一人で苦笑いしたものである。

苦い思い出に慕っているうちにバスはフェリー埠頭まで一気に下って行き、レインボー桜島で昼食となった。あらかじめ予約をしておいたカンパチ御善の昼食が用意されていた。流石に海の幸に恵まれたところである、少し多めだったがおいしく平らげてしまった。

桜島港のフェリー埠頭で一寸客が遅れたために、次の船になるところであったが、添乗員の必死の頼みが奏効してか、すでに乗船した車をつめさせて乗船することができた。

船が鹿児島市側に着岸すると、昔泊まったことのある埠頭前のホテルが営業していた。ホテルを出て桜島を撮影していたら「荻野さん」と、声をかけられておどろいたことがあった。同じ職場で働いていた運転手さんであった。彼は故郷に帰ってタクシー会社に勤め労組の委員長をしているのだと言う。「荻野さんに教育されたおかげで指導者としてがんばっているのだ」と、在籍中の礼を言っていたのを見て、不思議に安堵した。

辺りの様子は変わっているが、往時の環境が残されていたのがうれしくなった。バスは船を降りて国道を一路、指宿を目指した。

指宿温泉も不況の波に襲われる

鹿児島は五回ほど訪れたのだが、指宿は三度目である。かるかん（鹿児島郷土菓子）の工場に立ち寄った。前にもきたことがあるので予備知識はあったが、施設は近代式に改装されており、工場を見学してからかるかんの売り場に出る仕掛けになっていた。

工場見学は売り場でのショッピングをさせられる。つまりトコロテン式に送り出されるのである。この方法は、最近はどこの見学コースでも同じだが、益々露骨になってきているので、癪だから見本を片っ端から試食した。かるかん・辛しメンタイコ・薩摩揚げなどを買い求めて宅急便で送ってもらった。

バスが世界一の規模と言われる志布志湾の石油基地を過ぎて指宿市にはいると、着物姿の若い女性が籠を下げて乗り込んできた。今夜泊まる旅館・秀水苑の仲居さんが同行者にお絞りを配り、館内の案内をするのである。温泉旅館一〇〇選の第七位、料理部門第一位にランクされているというだけあって心憎いサービスである。

指宿に近づくと、菜の花みたいな緑濃い畑が多くなったように思えた。バスが止まったときによく見ると、そら豆の栽培をしているのだとわかった。聞けば有名な産地らしい。

以前にきた時には小さな旅館を選んだのだが、ここでも客はなく、広々とした部屋での食事であった。この旅館は女将さんが女中の役もこなしていた。「町に出て一杯飲んできたいが、どこかいいとこないですか」と聞くと「時期はずれなので開いている店はないでしょう」ということだった。

仕方なく、ジャングル風呂を売りものにしているホテルに行った。浴場は明るくて目隠しのために植えられた植木や花木は青々としていて気分がよかった。広大な浴場には客がいないので申し訳ない気持ちだった。若いカップルが一組はいってきたので引き揚げたのを思い出し、そのジャングル風呂のことを聞いてみると、今はなくなってしまったとのことだった。

さて、秀水苑は指宿町海岸寄りの大通りから五〇メートルほど奥にはいったところにある。玄関をはいると座敷の間があり、正面に三名の仲居さんが座って出迎えの挨拶をしてくれた。みなさんがお年寄りなのには少しく戸惑いが走った。部屋に案内してくれた方も六〇歳くらいだろうと思った。

しかし、そのぶんだけ行き届いた気配りと、当方にあまり気使いをさせないサービスだろうか、さりげない立ち居振る舞いが気にいった。家内が近くに化粧品店がないかと聞くと「遠いから、とりあえず私のをお使いください」と言って、翌朝に届けてくれた。気配りが行き届いていて必要以上に親切な気がした。

かつて栄華を極めた時代に、熱海や鬼怒川など温泉街が、こぞって巨大なホテルを建設して観光客を囲い込んでしまい、館内で遊ばせる施設に変わったので、客は温泉街をそぞろ歩く楽しみがなくなってしまったのである。私は温泉街の寂れようはこうした傾向に走った結果だと思っている。つまり、大ホテルが自ら招いた結果なのだ。

白浜も昔は町の飲み屋さんが観光客でにぎわっていたものだが、往時の雰囲気はない。ここでも大型ホテルが倒産しており、町は活気に欠けるようである。

旅館で砂風呂の無料券をもらい、歩いて五分ほどの海岸に足を運んだ。砂風呂は海岸に三階建てのビルが建っていて、砂楽という大きな看板が掲げられている。

フロントで券を渡すと浴衣を渡され、階下の脱衣所で着替えて海岸に出るのである。海岸には大きな屋根をかけた壁のない小屋が建っており、順番を待つ行列に並ぶのである。砂浜に横たわって砂をかけてもらったが、日除けや雨降りにはパラソルを立ててくれた。

大体一〇分～一五分と言われたが、二〇分ほどがまんした。砂の重みと背中からじわっと伝わってくる熱さが全身を包み込んで極楽気分になれる。砂風呂から出ると、会館にある温泉にはいって砂と汗を流して爽快な気分を味わえる。

夕食は味自慢の旅館だけに贅沢なもので、献立のおしな書きを見ただけでお腹が一杯になるようだった。

幸い四所帯の夫婦が並んだので、いつしか差しつ差されつの宴会となった。九時頃には食事を終え、クラブで二次会をやろうということになり添乗員を伴って繰りこんだ。

飲み放題、歌い放題であったし、一一時過ぎまで遊んでも二六〇〇円と格安だった。四世帯とも社会的には成功した旦那ばかりだったが、会社勤務が長かっただけに奥さんや家族に対するサービス問題で苦労があったことが話し合われた。奥さんたちもどこの家も同じなんだとわかり、仲間になれたのは大きな収穫であった。

おもしろかったことは、仲良くなった四世帯のうち、A氏が胃がんにより胃袋を全摘出しており、B氏はがんのために腎臓を取ってしまったらしく、C氏は前立腺がんで大手術をしたのだという。そして、私が大腸がんの手術をしたので、四世帯の主全員が、がん摘出の手術を経験していたとのことである。しかも、全員が大変な呑兵衛だったのである。

知覧町での涙

知覧町では、第二次世界大戦時の特攻隊員が残した遺書や遺品などを展示している知覧記念館に行った。ここも数度訪れたことがある。

公園の入り口で往時の隊員からお袋と慕われたおばあさんが商っていた知覧茶屋があり、そば屋をやっているので昼食をとった。今様は立派な食堂になっているが、そばは昔ながらの味わいであったという。おいしかったので、一気に食べたのだった。

以前には、年若い学徒が死地に追い立てられる日を前にして父母に書いたという遺書をそのまま拝観できた。遺書を読みながら止めどもなく流れ落ちる涙をどうすることもできなかったものである。強烈な感動がいつまでも続いたことを思い出す。

この度の訪問では、遺書は保存のためかもしれないが活字に変わっていた。やはり涙ながらに書いたであろう遺書の方が胸に響く度合いがちがうように思えた。

知覧町には、記念館の近くに武家屋敷がある。武家屋敷は街道筋から一本奥になる。街道筋の往還に平行して走る小道を挟んで両側に残されていて、子孫が住んでいる。瀟洒な佇まいであり庭がすてきである。

何軒かを参観してから街道筋に出ると、町はすっかり整備されていて眺めがよい。これぞ小京都と思える風景に出会う。道路脇の堀溝には鯉・緋鯉の群れが悠々と泳いでいて売店にある餌状にカットされたおふを買って与えるのだが、与える前から何匹もの鯉が寄ってきて投げこむのを待ち構える。

やっと焼酎工場見学……

いよいよ最後のスケジュールである焼酎工場での試飲会である。鹿児島空港を見ながら間もなく「ＧＥＮ」という近代建築の工場がある。焼酎工場というので思い描いていた工場とは全然ちがうのでがっかりした。

この工場は観光客を相手とした見物用の工場みたいに思えたのである。それでも見学用に作られた廊下のガラス越しに内部を見たのに、稼動していないし案内もないのでチンプンカンプンである。どうやら焼酎ブームにあやかって、麹菌を培養して焼酎工房に卸しているところらしいことがわかった。

建物の一階に下りると、試飲場になっている部屋に出た。試飲場は売店であり騙された感があったが、旅先のことゆえ、ものわかりがよく、三種類の焼酎を試飲して一升びんを二本買ってしまった。

八重山に魅せられて（沖縄県）

私が七五歳当時の六月六日から四日間、念願の宮古島から八重山諸島めぐりを行なった。沖縄本島には何回も行っているのだが、宮古島は数年前に一度渡ったきりだった。

日進月歩の現代社会において、沖縄の離島や沖縄の楽園にどのような変化があるのかを知りたい気持ちも強かったのである。

沖縄地方は梅雨にはいったとのことであるが、旅行客でごった返すような渦に巻き込まれるよりも、割高の旅行費になったが家内と二人きりの単独旅行になれば何よりとの思いが大きかった。

意外にも空港のロビーは就学旅行の学生が多かった。就学旅行生も年々低下しているのだが、何と小学校一、二年生ほどの団体には驚かされてしまった。

父兄の経済的な負担を思うと「行きすぎではないか」と、世情に反感を抱きつつ家内に意見してしまった。今時「珍しくない」ことだと孫たちのことを聞いた。

羽田を飛立ってから沖縄までの数時間は視界ゼロ、雲の中の航行になったのに、気流の影響も受けずに静かな飛行だった。

大自然を守る宮古の人々

沖縄空港からの乗り継ぎ時間が二時間もあった。プランニングを旅行会社に任せてしまい、チェックしておかなかったのである。宮古行きの時刻に合わせて羽田発を決めれば自宅からのタクシー送迎も不要だったはずだと思いながら時間を過ごした。

乗客が少なかったのだろう、一〇〇人ほど搭乗できるプロペラ機は半分ほど空いていた。

空は依然として雲に覆われていたが、振動がなかったので気分がよい。宮古空港ではタクシーが迎えにきていた。

宮古島は沖縄本島から約三〇〇キロ南西にある。降水量が多く、年間２２００ミリメートルもある（東京は約一五〇〇ミリメートル）。亜熱帯海岸性気候に属しており、古くにサンゴ礁が隆起してできた島である。

最南端の八重山諸島・西表島《いりおもてじま》

石垣港から遊覧船に乗って西表島の大原港へ向かった。空は相変わらずの曇天だったが雨にはならなかった。変わりに西風が強く吹き出し海が荒れだした。はじめはエンジンの轟音で会話もできないほどだったがドドーン、ドーンという音を上げて海を引き裂くかのように猛スピードで走り飛沫を掻き揚げていた。波のウネリが大きくなり船体が傾いたり船首からドーンと海面に突っ込むように感じた。大波がくるとエンジンの回転を落として波を遣り過ごすような操縦になったりした。

不安が沸き起こったが、何艘もの船を持っている会社であり、何度も航行しているベテランの船員なのだから、操縦には自信があるのだろうという安心感と不安が交差した。

さて、船は遅延することもなく大原港には約五〇分で着いた。正直言って、港に接岸した時には安堵したものである。

仲間川遊覧船乗り場で船に乗り、遊覧になった。今度の島めぐりで航空機・船舶・車両・ホテル・飲食店・などの機能が一体化されていて、観光客の扱いに徹底したサービスを提供してくれた。そして、誰もが個性豊かに名ガイド役をこなしていることに感心した。仲間川遊覧船の操縦は若い人だったが、詳しいガイド振りでわかりやすい解説だった。

西表島の広さは一三〇キロで、本島に次ぐ大きな島である、島のほとんどが山岳地帯であり、熱帯・亜熱帯の原生林に覆われている。

人口は二二〇〇人ほどであり、観光、牧畜などに従事して生計を立てている。この川は途中まで海水で奥の方は真水である。潮の干満によって海水が奥まで逆流するのだ。川の両岸にはマングローブが密生している。海に生育されたマングローブ特有の根を何本も生やしているのと、根を上に向けたものなど奇怪な格好の樹木が次々現れる。自然のままなので枯死したものや、倒れた幹から芽を出しているものなど、珍しい光景に囚われてしまう。

マングローブは真水の植物だったのだが、干満の繰り返しになれて、次第に海水の中でも生息することができるように変化したのである。葉が黄色い理由は、樹木の中で濾過されて

密生するマングローブ

塩分が葉に集められ、海水の中に落ちていく性質を持っているためである。

この島の山間部（ジャングル）にはイリオモテヤマネコ、カンムリワシがいて、世界的にも珍しいのだそうである。西表椰子の集落が二か所あったり、天然記念物に指定されているサキシマスオーの大木が見られる。この樹の特徴は、根が板のように平べったく表に張り出しているので何とも異様である。この根は乾燥すると強靭な材質になるので、生活用具の原料に使われてきた。

その後、バスに乗り込み、大原から海岸沿いに造られた道を美原まで行き、水牛車で有名な由布島に渡ることになった。

由布島は無人島だったが、竹富島や黒島か

ら移り住んだ人たちが対岸の西表島で稲作をして暮らすようになった。農耕用だった水牛は、昭和七年頃に開拓移民とともに台湾から石垣島に渡ってきた。当時は水牛二頭で家が建つほどに高価だったが、昭和三〇年頃には各家に一頭は飼っていたと言われている。しかし、台風で大きな被害を受けた農民は、美原集落に移ってしまい、西表島には老夫婦だけが残った。老夫婦は島をパラダイスガーデンへというロマンを描きながら、一頭の水牛で土や堆肥を運び、ヤシの花を植え続け楽園を作りあげたのだ。

水牛は気分次第で歩くように思われた。途中で馬子《まご》が三線《さんしん》を引きながら古代から伝えられてきた民謡を歌ってくれた。牛車に揺られながら浜辺を進んだ。

役割を終えた牛は、池にはいって休息をとっていた。約三〇頭が働いているという。大原港から約三〇分で小浜島に移り、ハイムルブシリゾートホテルで昼食となった。ホテルはヤマハグループの経営で、ありちゅらさん弁当が軽かったので疲れた胃によかったと思った。

ドラマで全国に慕われ、観光客が増えたという『ちゅらさん』の撮影現場の一つであるシュガーロードは、砂糖キビ畑でなく牧場になっていた。沖縄の各地で起こっている現象だが、砂糖キビは収穫までに一年半もかかり、重労働にも関わらず収入が少ないというので転・廃業が多くなっているそうである。

小浜の集落でちゅらさんの家と部落の一画を見物し、白浜の美しい海岸で小休憩をした。

水牛車に揺られて

竹富東港の埠頭に隣接して、竹富島の博物館とも言うのだろうか、ゆがふ館があり、竹富島の文化を伝える資料が方言の解説つきで展示されていた。

時間通りにマイクロバスが迎えにきて島内の観光案内をしてくれた。まずは沖縄民謡の安里屋ユンタのクヤマ生誕の家を見学してカイジ浜へ出た。どんよりとした曇り空だったので、西表島と由布島が薄く正面に浮かんでいるのを望見できた。エメラルドグリーンの美しい海は、カリブ海の海に似ていて泳ぎたくなるが、潮の流れが速いので遊泳禁止区域である。

砂浜への出入り口に屋台があって、地元の娘さんたちが星砂や星砂で作ったオリジナルペンダントを売っていた。孫たちへの土産としては安いし記念になる小物である。

水牛車に乗って、町並みの保存地区に指定されている住宅地を散策することにした。珊瑚でできた石垣が続く中をゆっくりと歩くのだが、馬子が舵取りをするでもないのに水牛は、細い道をトレーラーの運転のように車を塀に当てることもなく進むのである。途中で水をか

水牛車に揺られての散策は贅沢な時間

けてやるところが二か所あり、催促するかのように立ち止まる。いちいち旅人の心を和ませてくれるふるまいである。

　昔のままの赤い瓦屋根の家並みを縫うようにしながら、三線を弾きながら島唄を聞かせてくれた。

荻野榮蔵（おぎの えいぞう）

1931年2月、群馬県伊奈良村（現・板倉町）に生まれる。

県立舘林高校第一期生卒業。家事である酒類卸業を務めた後、上京。

1952年、旧神田運送株式会社に運転手として入社。

1960年から専従書記長に任命される。全国組織の役員などを経て、1981年に会社側の上級管理職に起用される。以後、常務取締役・副社長などを通じて会社の困難期を乗り越える。2002年に退社。

現在、東京都日野市在住。


前著『世界散歩日記　勘を頼りに数万キロ』（2016年）東銀座出版社

『日本散歩日記《にほんさんぽにっき》　うつろう時代《じだい》と私《わたし》の旅路《たびじ》』

2017年10月27日　　第1刷

著　者　　荻野榮蔵
発　行　　東銀座出版社
〒101-0061　東京都千代田区三崎町2-6-8
☎ 03(6256)8918　FAX 03(6256)8919
http://www.higasiginza.co.jp

印刷　モリモト印刷株式会社